思い出が、花びらのように。

久しぶりに会う友達とふたりで出かける。
またこの町に来ようと言ってから
何年か越しにかなった約束。
聞きたいことがたくさんあったはずなのに
一緒に歩いているとどうしてか思い出せない。
前にここに来たときにはこんなことがあった
と話したいのに
記憶は夢のように溶けてしまっている。
あのお店で石鹸を買った、とか
移動屋台のパン屋のお兄さんが
ハーモニカを吹いていた、とか
ささいな断片ばかり思い出す。
ずっと前に読んだ本の
覚えのない所に貼ってある付箋みたいに。
思い出をたどるのをあきらめて
あたらしい場所との出会いを求めて
ふたりは旅をつづける。
それでもどこか懐かしい。
温かい甘酒が注がれた紙コップと
ニットをつぎはぎして重ねた座布団。
お互いの近況を尋ね合うかわりに
最近観た映画のあらすじを脚色しながら教え合う。
バスを待っているときに、そよ風が吹いた。
指さす方を見ると柵を越えて
枝に白い花が咲いている。
かまえたカメラのフレームからはみ出して
コブシの花が日だまりに揺れる。
目をつむって香りを嗅いでいる
友達と、わたし。

text
間宮 緑 まみやみどり

小説家・たまに農家。三島市在住。08年『牢獄詩人』で第22回早稲田文学新人賞受賞。文芸誌を中心に小説・エッセーを執筆している。特技はエスペラント語を話すこと。著書に『塔の中の女』（講談社）

illustration
靱矢裕斉 うつぼやひろなり
画家・静岡市在住

CONTENTS

Tabi tabi

cover photo
Yoshihito Ozawa

富士山は、姿かたちの美しい山です。
世界文化遺産でもあります。
そして、ご存知の通り、日本一高い山。

でも、今回の特集では、そのことは忘れてください。

富士山固有の植生を楽しみ、
豊かな水の恵みを享受するエリアに足を延ばして
心と体に、たっぷりと緑の光を取り込んで。
富士山の麓歩きは、
遠くから眺める雄大な山としての富士山じゃなくて、
その懐にゆったりと抱かれるような
スローでやさしい旅だと思います。

麓巡り

文／高橋秀樹　写真／小澤義人（p4-11.14）

緑と
清流に
出逢う旅～
富士山

富士山の新しい歩き方。

～富士山下山ツアーレポート

夏期シーズン中は、国内外を問わず多くの観光登山客でにぎわう

6合目にある山小屋雲海荘から頂上方面を望む

5合目から6合目まで歩いて、山頂を目指さず、宝永山火口を巡るような形で横移動

富士山は〝ヘソ〟から下が面白い。ヘソとは標高2300〜2400mほどの五合目のことだ。ほとんどの登山者は、森林限界付近の五合目から荒涼とした砂礫の道を登る。だが、ヘソから下にはくっきりと見えない線が引かれ、大森林が広がる。この五合目が樹林が見られなくなる〝森林限界〟だ。

今回、富士山山頂を目指さない「下山ツアー」に同行。あまり語られることのない富士山の植生を体感した。

富士宮口五合目（2400m）を出発。背の高い樹木はなく、黒々とした火山荒原を六合目まで少し登る。道すがら「あら、ハイマツかしら」という声が聞こえてきた。地を這うような姿はハイマツにも似ているが、実はカラマツ。その証拠に秋になると見事に黄葉する。「富士山の自然は過酷。独立峰ということもあって風もすごいんです。そうした過酷な環境に適応した結果」とガイドの鈴木渉さん。カラマツといえばすっと背の高い印象があるが、富士山では盆栽のような〝異形のカラマツ〟を見ることができる。

六合目からは山頂を目指す登山者たちと別れ、宝永4年（1707）に大噴火した宝永火口へ。一見、不毛な火山荒原だが、ぽつんぽつんと緑が見える。イタドリやオンタデだ。「富士山が現在の形になったのは1万年くらい前、とても若い山なんです。若いが故に、植物たちは緑のラインを押し上げようと懸命。その最前線にいるのがイタドリやオンタデ、フジアザミ、フジハタザオなどで、パイオニア植物と呼ばれています」（鈴木さん）。これらの植物は強風や低温、乾燥、積雪といった苛酷な環境と養分のない火山礫の土壌で生き抜くために、あるものは浅く根を拡げて流されても生き延びる術を、あるものは深く根を張って、地下に養分を蓄える術を身に付けている。「若い山だからこそ、ダイナミックな植生の変化が見られるのも富士山の面白さ」と鈴木さんは言う。

「富士山って〝お花畑〟がないからつまらない」―そんな話を高山植物目当ての登山好きからよく聞く。確かに五合目から山頂への

火山荒原にチングルマ、ハクサンイチゲ、コマクサといった代表的な高山植物は見当たらない。富士山は高度的には十分な環境のはずなのになぜ…。それには理由がある。一般的に日本の高山で見られる植物は、今から1万5000年ほど前の氷河期には低地に分布していた。しかし気候が暖かくなって低地に棲みづらくなり、より高い山へ逃れたといわれる。ところが富士山は氷河期を経験していないため、独自の植生を形作っているというのだ。いわゆる高山植物が見当たらないのも、富士山の若さ故といえる。

富士山の山頂を目指す登山では、目線は上にあるが、下山ツアーの目線は足元だ。森林限界付近の足元にはたくさんの草花が懸命に生きている。例えばコタヌキラン。ラン科ではないが、その花穂が狸の尻尾のようだ。マメ科のタイツリオウギは、垂れ下がる豆果の形を、タイを釣り上げたときの姿に見立てたものだ。キク科のミヤマオトコヨモギの葉っぱはヨモギそっくりで、愛らしい花を付けていた。

ミヤマオトコヨモギ

亜高山帯から高山帯の岩場や礫地に生育する。7～9月頃、下向きに小さな花を付ける。富士山では森林限界より上の高山帯でよく見られる

オンタデ

富士山の高山帯（標高2400～3300m）に多く分布し、火山の荒地など、他の植物が生育しにくい環境に真っ先に生育し始めるパイオニア植物

コタヌキラン

東日本、特に日本海側の亜高山帯草地や崖などに自生する。タヌキランより花穂が小ぶりであることからコタヌキランの名が付いた

カラマツ

本来、幹が真っすぐに伸びるカラマツ。他の高山ではハイマツが生育するようなところだが、富士山にはハイマツがないためカラマツが地を這っている

タイツリオウギ

ムラサキモメンヅルと同じくマメ科の高山植物。7～8月頃に淡黄色の蝶形花を咲かせる。花の後の豆果がタイの形に似ていることから名付けられた

ムラサキモメンヅル

本州中部以北の山地から高山帯の砂礫や岩場などの乾燥した日当たりの良い場所に地に這うようにして生育する。レンゲの仲間で濃い紫色の可憐な花を咲かせる

ネバリノギラン

ノギランに似ているが、花や茎を触るとネバネバしていることから名が付いた。日本の固有種で、山地から高山帯の湿った草地に生育する

メイゲツソウ（雌花・雄花）

タデ科イタドリ属の多年草。富士山では5合目以上の砂礫地、高山荒原帯に多く見られる。花は7～9月頃が見頃

雌花は先が5つに裂け、3本の花柱（雌しべ）が見えている

雄花は漏斗型で先が5つに裂けている

ネバリノギランは、その花茎を触ると粘り気がある。ヤマホタルブクロは釣鐘状の花を付けていた。ツツジ科のコケモモも森林限界付近でよく見かける。赤く熟した果実はジャムやジュースにできるが、国立公園なので採取は厳しく規制されている。

宝永火口から下り、御殿庭上から二ツ塚（双子山）方面へ。「富士山の山腹には〝塚〟という地名がたくさんあります。実は、これらはかつて噴火した側火山なんです」と鈴木さん。「八面玲瓏」と称えられる富士山だが、その山肌はあばただらけといっていい。

標高1800～2000m付近になると、背の伸びたカラマツの樹林帯が続く。スギやヒノキの人工林に比べて自然の針葉樹林は明るく、下草も青々と茂っていた。そんな針葉樹の足元、森の床にはハナゴケの群落。「苔という名前が付いていますが、地衣類と呼ばれる生物です」（鈴木さん）。苔類と大きく違うのは

ヤマホタルブクロ
キキョウの仲間で、8～9月頃、釣鐘状の可憐な花を咲かせる。やや乾燥した草地などを好み、山野草として人気が高い

フジアザミ
富士山周辺に多いことからこの名が付いた。高さ20～100cm、葉は30～70cmと大きく、8～10月頃、子どものこぶしほどの大きな花を咲かせる

キオン
山地から亜高山帯にかけてのやや日当たりの良い草地に生育する。富士山では御殿庭の付近などで咲いている

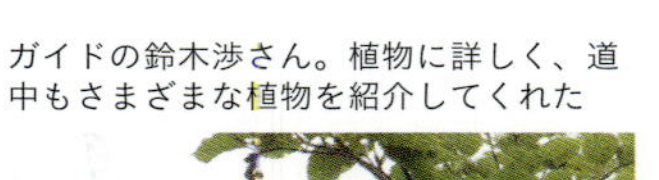

ガイドの鈴木渉さん。植物に詳しく、道中もさまざまな植物を紹介してくれた

ハナゴケ
高山から低地まで分布する地衣類。富士山では森林限界付近の針葉樹林の林床などによく見られる

カラマツの松かさ
樹林帯に入ると松かさの付いたカラマツがたくさん見られる。どんぐりほどの小さな松かさで、この花びらのような種鱗の間に、種子が抱かれている

樹林帯で見られる美しい苔

樹林帯に入るとキノコ類をたくさん見る

キノコと同じ菌類の仲間であること。「海のサンゴみたい」という声が聞こえた。

一行は、二ツ塚を後にし水ヶ塚公園に向かってぐっと高度を下げていく。しばらく下ると針葉樹に混じって落葉樹であるダケカンバ。さらに下り、標高1500m付近までくるとブナやミズナラといった落葉広葉樹の森である。五合目付近と違って森の床はふかふかとし、倒木は苔むしていた。ふと見上げるとヤマボウシ。花の季節は終わったが、代わりに青い果実を付けている。赤く熟れたら甘くておいしい。この森を抜けたらゴールの水ヶ塚公園（標高1450m）だ。

清流のエリアで、恵みをいただく

　朝霧高原から少し下った谷間に猪之頭集落がある。かつては〝井の頭〟と記されており、文字通り富士山や毛無山系の伏流水がこんこんと湧き出し、芝川や五斗目木川の水源となっている。水の生まれる里だ。余談だが、地名が猪之頭に変わった理由は、明治6年の地租改正の折「井の頭という地名では、水が豊かで米もたくさん採れると思われて税金を余計に取られるかもしれない」という思惑からだという。しかし、実際には標高700mほどの寒冷地で、水は冷たく、もともと米作りには不向きな土地柄だ。

　猪之頭はいわゆる観光地ではないが、「陣馬の滝」では県外ナンバーの車をときどき見かける。鎌倉時代、源頼朝が富士の巻狩りに来たとき、一夜の陣を張ったことからその名が付いた。富士宮市の

写真／高橋秀樹（p12.13.15-19）

陣馬の滝

陣馬の滝は五斗目木川にかかる滝で、人家の奥にひっそりと隠されたような小さなスポット。今でも地域の人たちが野菜を洗ったり、涼を取るために使われている。ゴミひとつない美しさは、地域の人たちが大切にしている証

柿島養鱒

昭和48年創業、ニジマス、イワナ、サクラマス、銀鮭などの養殖を行う柿島養鱒のニジマスは、富士山サーモンの商標登録で、生産量日本一を誇る。餌の材料調達も魚の加工も静岡県内の企業と提携した循環型水産業を目指し、全国の食品加工、飲食店チェーンに安定した供給を行っている

滝といえば、世界文化遺産・富士山の構成資産のひとつにもなっている「白糸の滝」がある。この白糸の滝に比べたらスケールは小さいが、陣馬の滝もその構造はよく似ており、上流からの水と溶岩層から噴出する水が落下している。白糸の滝と違うのは、夏場ともなると子どもたちが滝壺で自由に水遊びをし、その傍らで、ポリタンクを担いだ大人たちがせっせと湧水を汲んでいる姿があることだ。

　集落のあちこちから湧き出す水は「猪之頭湧水群」と呼ばれ、一部は富士宮市の保存湧水池になっている。湧水の水温は年間を通して11～12度とほぼ一定だ。夏は冷たく、厳寒期には温かくさえ感じる。その豊かで清冽な水を活かした生業がある。マスの養殖だ。猪之頭には昭和8年、国内では3番目に創設された静岡県水産技術研究所富士養鱒場があり、ニジマスやアマゴ、イワナなどを養殖。民間の養鱒場も何軒かあり、柿島養鱒もそのひとつである。

　芝川源流域にある柿島養鱒では、ちょうど若いスタッフたちが出荷作業中だった。池にはニジマ

にじます会席（4000円）。刺身、焼き物、南蛮、から揚げ、煮物など、ニジマス愛が感じられる旨し逸品

店の残滓を堆肥化して有機野菜を自家栽培し、提供している。地元ではうなぎ料理の名店としても知られる

花月

この店を開いて34年。関西で修業をしただけあって、味付けは上品な関西風。満腹感というより、食後の心地良さを大事にしている。富士宮に行くなら、ぜひ一度は訪れたい名店だ

スやイワナが悠々と泳ぎ、手網ですくうと銀鱗が水しぶきをあげた。柿島養鱒には、餌、環境、品質の3つのこだわりがあるという。「人間が食べ物の安全や栄養価を気にかけるように、魚にとっても餌が大切。餌によって魚の味も違います。飼料メーカーから餌を仕入れるのが一般的ですが、私たちは40年ほど前から自社生産。原材料を吟味し、配合に気を配り、その日の分しか作りません。魚を太らせるための添加物も加えない。何といっても豊かで滋味に満ちた富士山の湧水が健康でおいしい魚を育てる」と話すのは、代表取締役の岩本いづみさんだ。

そこまでおっしゃるのなら、猪之頭生まれのニジマスを食べてみなければ。というわけで、柿島養鱒から魚を仕入れている料理店「花月」を訪ねた。店に着くなり、店主の岩見安博さんに連れて行かれたのが店の裏だった。そこには小さないけすがあり、小ぶりのニジマスが泳いでいる。その水は富士山の伏流水を汲み上げた井戸水で、年間通して13度くらいだという。「20日間くらい餌をやらずし

田丸屋 わさび園

静岡のワサビ漬けの老舗田丸屋専属のワサビ園を営む杵柄さん。植え付け面積2000坪のワサビ田はたっぷりの水で潤い、夏も涼しいため農薬は使わない

真冬はハウスでなければ冷たくなりすぎるというワサビ田。杵柄さんが1本抜いて見せてくれたワサビ。葉をかじらせてもらったら甘いこと！

めるんです。その代わりにミネラル分のある塩ワカメや乳酸菌を加えて栄養分を与え、痩せさせない」と岩見さん。

ニジマスはイワナやアマゴと同じサケ科の魚で淡水魚の中では上品な味わいがあるが、川魚特有の生臭さが残るようだ。だが、花月のニジマスはそんな先入観を裏切る。刺身は限りなくタイやヒラメのような海の白身魚の味わいだ。また、アラまで捨てることなくおいしい料理へと昇華させており、「これまでのニジマスに対する先入観を払拭したい」という料理人のこだわりを感じた。

猪之頭を歩いていると、清冽な水が水路となって集落を網の目のように走っている。その水はワサビ田も潤している。猪之頭のワサビ栽培は昭和初期に始まったそうだが、現在はワサビ漬けの原料になる品種を中心に栽培されている。「ワサビは水から栄養分をもらって育ちます。ワサビ田には常に水が流れなければなりません。富士山の湧水のおかげ。それに苗床に使っているのは富士山のスコリアと呼ばれる砂礫です」と杵柄

田貫湖

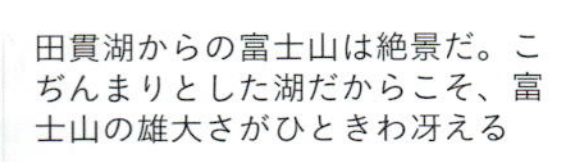

田貫湖からの富士山は絶景だ。こぢんまりとした湖だからこそ、富士山の雄大さがひときわ冴える

田貫湖ふれあい自然塾の小野比呂志さん。植物を楽しむポイントを「植物になったつもりで考えて」と。どうしてこんな姿なのか？　花や実の付け方も、それぞれの知恵があることが分かってくると楽しい！

環境省の自然学校第1号の田貫湖ふれあい自然塾。入場無料で雨天でもゆったり過ごせ、季節ごとにワークショップや展示を行っている。受託管理するホールアース自然学校は自然学校のパイオニア。田貫湖周辺でも豊富な自然プログラムを提供

眞美さん。猪之頭のワサビは富士山の恵みそのものといえる。

田貫湖は1周3・3㎞の湖で、もともとは農業用水のために造られた人造湖だが、いまやキャンプ場、宿泊施設、自然体験施設などが集まるレジャー基地といった様相だ。湖面に映る逆さ富士は人気で、4月と8月下旬頃にはダイヤモンド富士が見られるとあって、アマチュアカメラマンの砲列ができる。

自然を体感できる施設「田貫湖ふれあい自然塾」を訪ねた。

スタッフの小野さんと湖の周遊路を歩く。雄大な富士山と穏やかな湖岸の風景が心地良い。歩きながら聞いた「聞いたことは忘れる、見たことは思い出す、体験したことは理解する、発見したことは身に付く」という言葉が印象的だった。田貫湖の魅力を問うと「珍しいものはないけど、多様性に富んだ環境が普通に存在している。太陽や森や水や大地が人にどんな関わりがあるか、感じてもらいたい」富士山は眺めるだけではない。暮らしの山でもある。

毎日20万トンもの水が湧き出る湧玉池は、国の天然記念物にも指定されており、平成の名水100選にもなっている

「神さまとしての富士山」

浅間大社

正式名称は、駿河國一之宮　富士山本宮浅間大社。朝廷からの尊崇を賜り、歴代武将からも厚い信仰を寄せられていた。火山に対する畏敬の念とその雄大な姿への憧れは、やがて民衆の間にも広まった

富士山は、その秀麗な姿とは裏腹に恐ろしい顔も持っている。過去、幾度となく噴火を繰り返し、人々を恐れさせた。「浅間大神（大菩薩）さま、どうかお鎮まりください」と、人々は祈り、祀った。富士山は信仰の山でもある。富士山本宮浅間大社は全国に1300社ほどある浅間神社の総本山。地元では「おせんげんさん」と呼び親しまれているが、もともとの呼び方は「あさま」。「あさま」は火山を意味する古語という説があり、長野県の浅間山や熊本県の阿蘇と同じ語源だとされる。

「富士山本宮浅間社記」によると、第7代孝霊天皇の時代に富士山が大噴火し、住民は離散、長く荒れ果てた。これを憂いた第11代垂仁天皇（BC29～AC70年）が山麓に浅間大神を祀り、荒

富士山かぐや姫ミュージアム

富士市にある竹採公園。富士宮市からは少々離れるが、竹取物語ゆかりの地として知られる比奈にある（写真上）。古代神道の形態を残す山宮浅間神社（写真下）

2016年に富士市立博物館をリニューアルした富士山かぐや姫ミュージアム。特に、富士山南麓を舞台としたかぐや姫の伝承に焦点を当て、信仰の山富士を地域に根ざした視点で紹介している

ぶる山の神を鎮めたというのが起源。現在の鎮座地から北に6㎞ほど上った山宮浅間神社は最も古いとされる。長い石段を上っていくと玉垣で囲まれた空間があり、苔むした石塁、注連縄が張られた古木。視線を上げると真正面に富士山がそびえる。山宮には拝殿はない。富士山そのものがご神体であり、この空間は遥拝所なのだ。自然そのものを神として畏れ敬う古代の祭祀の形態が色濃く残る。

山宮から現在の地に遷座したのは大同元年（806）。平城天皇の命を受けた平安時代の武官である坂上田村麻呂によって社殿が造営された。以降、朝廷をはじめ源頼朝、北条義時、武田信玄・勝頼、徳川家康などの歴代武将に厚遇された。社記によると、頼朝は流鏑馬を奉納し、信玄はしだれ桜を寄進。家康は関ヶ原の戦いに勝った御礼として、慶長9年（1604）に本殿・拝殿・楼門をはじめ30棟ほどを造営、境内を整備した。

浅間大社の主祭神は『古事記』、『日本書紀』に登場する美しい女神コノハナサクヤヒメだ。天照大神の孫のニニギノミコトと結婚して身ごもるが、不貞を疑われ、潔白の証として産屋に火を放って3人の子どもを産んだという激しい女神。そうした故事にちなみ、火除け、安産の守護神。また〝木花（コノハナ）〟という神名から、桜がご神木だ。富士山本宮浅間大社の境内にはおよそ500本の桜が植わっており、例年3月下旬から4月上旬にかけてが見頃。拝殿脇のしだれ桜は武田信玄の手植えと伝わり、「信玄桜」と呼ばれる。

浅間大社の境内に、清冽な水をたたえる湧玉池。富士山に降った雨や雪が長い歳月をかけ鎮守の森からこんこんと湧き出している。湧水量は1日およそ20万トン、水温は年間を通して13度ほど。池のほとりには「水屋神社」が建てられ、水汲み場もあって一般に開放されている。実は、山宮から遷座した背景には、この清らかで豊かな水の存在があったとも伝わる。平安時代の歌人・平兼盛は「使うべき数にをとらむ浅間なる御手洗川の底に湧く玉」と詠んでおり、古来、富士山に登拝する道者たちの禊の池でもあった。

さて、浅間大社の主祭神はコノ

JINQのカレーは、ディナータイムメニュー。新鮮な富士宮産素材がたっぷり使われた食事がカジュアルに楽しめる。1380円（税別）

JINQ と GOTEN

富士宮市は食材がおいしい土地柄だ。豚、鶏、そして野菜。富士山の火山灰由来の黒ボク土、山麓に湧き出すミネラルたっぷりの水が育む。富士山の恵みだ。そうした地元生まれの食材にこだわったダイニング＆バー「JINQ（ジンク）」がある。“神供”の意味を持つ。旬の食材をカジュアルに食べてもらいたいというのがこの店のコンセプト。ダイニングと併設して1棟貸しの宿「GOTEN」もオープンしている。

静岡県富士山世界遺産センター

富士山本宮浅間大社にほど近いところに「静岡県富士山世界遺産センター」がある。“逆さ富士”をイメージした斬新な建物が目を引く。内部はらせん状のスロープになっており、映像を駆使して富士登山を疑似体験できる仕掛け。常設展示コーナーは「荒ぶる山」、「聖なる山」、「美しき山」など、自然、信仰、文学・絵画といった視点でデジタル解説。映像シアター、企画展示室も備えており、富士山の魅力を発信する拠点施設である。

富士山世界遺産センターの中から見える富士山。これもまた見事

ハナサクヤヒメとなっているが、異説もある。「富士市には、かぐや姫伝説があります。その背景には、富士山の祭神はかぐや姫だとする考え方があったのです」とは富士山かぐや姫ミュージアムの井上卓哉学芸員だ。誰でも知っている『竹取物語』のかぐや姫。物語の結末は月に帰ったことになっているが、富士山南麓には、月ではなく富士山に帰ったと伝えられているのだ。かぐや姫は、天が人々を救うために使わした浅間大神（大菩薩）だったというのである。その根拠となっているのが戦国期から江戸時代まで富士山の南麓で活動した富士山東泉院（現在は廃寺）に代々引き継がれた『富士山大縁起』などだと井上さんは言う。

荒ぶる自然と美しさは表裏一体という気がする。富士山は、まさにそういう山ではないだろうか。

花と緑のボタニカルツアー *in Shizuoka*

太陽の下なら四季折々の彩りを楽しみ、
静かな温室では植物たちにじっくりと向き合う。
もの言わぬ花と緑の圧倒的な存在感は、
私たちがどこかに置き忘れてきた原始の記憶を呼び覚ますようで、
一日が過ぎる頃には
身も心も生まれ変わったようにリフレッシュしているはず。

花と緑が最高に輝く季節。
素晴らしい案内人たちに誘われて
植物園に出掛けませんか?

種から双葉、春に花。
不思議なサボテンに会いに。

IZU
SHABOTEN
ZOO

伊豆シャボテン動物公園

アフリカ館にあるオニキリマル（鬼切丸）。葉の表面に鋭く硬い突起がある。実はサボテンではなく、アロエの仲間

伊豆シャボテン動物公園が開園したのは1959年。まだ日本人の多くが知らなかった珍しいサボテンやカピバラなどの動物を、起伏に富んだ地形を生かした園内のそこかしこで見ることができる。創設者の近藤典生東京農業大学名誉教授が思い描いた通り、人と動物や草花の距離が近い「自然動植物公園」だ。

文／永野香里　写真／小澤義人

奇妙な形は生き抜くため
個性的なサボテン大集合

伊豆の海の向こうに、遠く房総半島まで見渡せる快晴の日。駐車場には他県ナンバーの車も多く、園内では、放し飼いにされているクジャクにカメラを向けながら歩く親子連れの歓声も上がる。

大室山の麓の広い園内には、ラマやハシビロコウなどの鳥や動物が手の届く近さで見られるほか、温室には世界中のサボテンや多肉植物約1500種類が生育されている。

「サボテンというのは、ペルーやブラジル、アルゼンチンあるいはメキシコなど南北アメリカとその周辺の島、その他マダガスカル島の一部だけにあるものを指します。他の地域にあるものはよく似ていても違う種類の植物です」。そう説明するのは真鍋憲一さん。シャボテン温室を「南アメリカ館」からスタートし、時折足を止めながら、折り目正しい口調で解説してくれた。

サボテンの特徴は、極端に乾燥した環境で生き延びられるよう、

ウチワサボテンはメキシコではノパールと呼ばれ、食用にもなる

キンコウマル（金晃丸）。見た目はフワフワとしてかわいらしい

毬のような姿で、冠のように花が付くハクギョクト（白玉兎）

サボテンをこよなく愛する研究員の真鍋憲一さん

キンシャチのタネ（写真上）。サボテンの原型、オオバキリン（写真下）

キンシャチ（金鯱）の花。この下に実ができて中にたくさんの実を付ける

コウカンマル（紅冠丸）。つやのある美しい花を咲かせる（写真上）。レブチア属ホウザン（宝山）は、小さいながらたくさんの花を付けてくれる（写真下）

水分を蓄えることに特化した体だ。他の植物とはまったく違う生態のようだが、普通の野草などとの共通点もあるという。

「種から発芽して太陽の光で光合成し、生長するところは同じ。違うのは、乾燥に対する抵抗力。とても植物とは思えないほどですが、まったく水がいらないのではなく、むしろ水を飲むときには他の植物と同じように勢いよくゴクゴクと飲むのです」

「アフリカ館」にはサボテンによく似た植物が茂っているが、全て多肉植物だ。遠く離れた場所で、まったく違う種類の植物が極度に乾燥した環境で進化を遂げた結果、よく似た姿にたどり着いたのは、生命の神秘というほかない。

「森林性シャボテン館」は多湿地帯のジャングルに生きるサボテンを展示。リプサリスはサボテンの仲間だがトゲが退化し、大きな木に張り付くように生きている。

野草や牧草が専門だった真鍋さんは「植物園や動物園など、自然に関係する仕事をしたい」と同園に就職。サボテンのことは働き始めてから学んだ。毎日1回はトゲ

自由な形を見ているだけで、なんだか楽しくなってくる

ハート形の葉っぱがびっしり生えたアローディア・アスケンデンスという多肉植物。温室内を飛んでいたメンフクロウと

逆転開花（夜咲きの花を昼に咲かせる）に成功したヨルノジョオウ（夜の女王）

メキシコ館のサボテンたち。サボテンにはなぜか夕陽がよく似合う

に刺さる、と笑う真鍋さんにとって、サボテンの魅力とはどんなところだろう。

「ひと抱えほどある巨大なサボテンも、最初はゴマ粒のような種です。それが土の中から小さな双葉を出し、ビー玉サイズのミニチュアのようなサボテンになります。ゆっくり時間をかけて生長し、中には100年以上生きるものもある。そんな面白い植物が地球上にあること、そして日本にある他の草花と何ら変わらない植物の一つだということを、知っていただきたいのです」

夕方の光に照らされて、サボテンがドラマチックに輝く頃、真鍋さんに「お気に入りのサボテンは？」と尋ねてみた。

「レブチアです。春には赤や黄色の花を、花輪のように咲かせます」

カラフルな花冠で着飾ったサボテンに会いに、足を運んでみたい。

パリ市ブーローニュの森の一画にあるパリ・バガテル公園の姉妹園として2001年に誕生した河津バガテル公園。3ヘクタールの広さに1100品種、6000株ものバラが植栽された本格的なフランス式庭園は、国内では類をみないバラ園として人気を博している。

文／タビタビ編集部　写真／小澤義人

世界中のバラが花開く。
誰もが夢みるローズガーデン。

KAWAZU
BAGATELLE
PARK

河津バガテル公園

全ての調和がもたらす美
露地バラの魅力たっぷりの庭園

ローズガーデンへのアプローチは小路がRを作って先が見えない。そのせいか秘密の花園に向かうようで期待が高まる。いくつかのカーブを曲がり、葉ずれの音に心和んできたころ、目の前に芝生広場が開けた。その先に、豊かな緑に守られて、色鮮やかなバラがたくさんの花を付けている。

100年の歴史があるパリのバガテル公園とほぼ等しく造られたこのローズガーデンは、左右対称、幾何学模様が特徴。「花そのものの美しさはもちろんですが、芝がキャンバスで草ツゲが額縁、背景に河津の山並みがあって、そこに描かれているバラ…というイメージで、ガーデン全体のエレガントな調和と、四季折々変化する風景を楽しんでほしいです」と話すのは、河津バガテル公園の公園長・山本健生さん。山本さんはこの公園ができた17年前から園芸スタッフとして働き、二度の渡仏でガーデナーとして研鑽を積んだ。フランスの文化に感銘を受け、色への

日々、観察していると、そのうちにバラが話し掛けてくるんです

公園長の山本健生さん。山本さん率いる園芸スタッフは、世界でもトップレベルのバラ栽培技術で、国内外の注目を集めている

ベルサイユ宮殿のフランス式庭園の設計者にちなんだ名の「アンドレルノートル」。清楚でかわいらしい中に、華やかさもある

モダン・ローズの「イヴ・ピアッチェ」。ディープ・ピンクで芍薬のように咲く愛らしさ。バラらしい高貴な香りが◎

四季咲きの大輪種「サブリナ」。じっくりと花を咲かせ、花びらの厚みや照りも美しい。まさに秋バラの女王

フランスの育種家アラン・メイアンが作り出した黄色いバラ「伊豆の踊子」。パリ市との友好の証としてバガテル公園に贈られた

こだわり、植栽のセンス、植物一つ一つの質感、組み合わせのバランスなどを学んで河津に戻り、持ち帰った思いをどう形にすればよいのか、しばらくの間途方に暮れたという。が、ある時公園を眺め渡してハッとした。ガーデンを囲む、こんもりと美しい山並み。公園の一番奥からは海が見渡せ、そこから昇る朝日は公園入口にあるオランジェリーを真っすぐに照らし出す。この美しい地形を活かしてできることが、まだたくさんあった。それから十数年。木々は育ち、庭は円熟味を増した。山本さんは「最近ではパリで学んだこと…、〝時〟が作る美しさというものを実感しています」と話す。

　バラの庭には、居るだけで心安らぐ何かがある。古今東西、バラは古くから人を惹きつける花だった。春バラには暖かい季節の訪れを喜ぶかのように、これでもかと咲き誇る若々しい美しさがあり、秋バラには気温が下がる中でより色濃く、香り深く、じっくりと開花する円熟の美しさがある。1100種という膨大な品種を日々、献身的に世話してきた山本

壮大な見晴らしの中に左右対称、幾何学的な配置をすることで、奥行きと広がりを強調したフランス式庭園

ローズガーデンを入ると、正面に見えるモミジバフウの大木。「夕日が差す時間には、いっそう美しいですよ」と山本さん

フランス式庭園らしく、きちんと刈り込まれたトピアリーのてっぺんに一羽の鳥が

山本さんのお気に入り「ラ・フランス」。幾重にも重なる花びらと、オールド・ローズの持つ未完成な美しさ、馥郁たる香りが魅力

さんにお気に入りのバラを聞くと、考えた末「ラ・フランス」というモダン・ローズを挙げてくれた。「1867年にフランスのギヨーという育種家が作ったバラなんですが、このバラ以後に作られたものを、私たちはモダン・ローズと呼びます。四季咲きで大輪でありながら、オールド・ローズに見られるような危なっかしさをまだ持ち続けてる。危なっかしさって何かって？　例えば、台風で傷んだら、すぐに〝辛い！〟と、表情に出してくるような人間的なところかな」。山本さんは、バラがそれぞれ個性あふれる女性たちであるかのように話す。バラに囲まれた中「バラと出合っていなかったら何をしていました？」と問うと、少し遠い目をして「バラは私の血みたいなもの。仕事だから、なんて思っていたらできなかったかな」と言う。その瞬間、辺りがざわざわとうごめいた…ような気がした。バラに魅入られて、バラを愛する。なんてロマンチックな響き。浮世にはもう戻れなくなってしまいそうな、花の魅惑に包まれて。

扉を開ければ別世界。熱帯の妖しい植物たちに誘われて。

ATAGAWA TROPICAL & ALLIGATOR GARDEN

熱川バナナワニ園

ブロメリアの仲間「エクメア・ファッシアータ」の花

開墾した山の斜面に温泉の熱を利用してつくった温室は、世界中の珍しい熱帯植物を育てて半世紀以上。親子三代にわたる来園者も少なくないはず。学芸員の愛と情熱がほとばしる、いつ来てもあったかいワンダーランドだ。温室だけに。

文／佐野由佳　写真／小澤義人

隠れた日本一がいっぱい！探検気分で魅惑の植物に出合う

「これはアリストロキア、日本名はウマノスズクサ属ですね。アゲハチョウの食草になる植物です。ハンカチみたいでしょ？　ハンカチにしちゃ、気持ち悪いですけど。ハハ」。白地に紫色の斑が入ったようなその姿は確かに不思議で、普段目にすることのない植物だ。他にも、リュウビンタイ、タニワタリ、ノランティア・ギアネンシス……などなど、温室を隅から隅まで案内してくれる学芸員の清水秀男さんの口からは、おまじないのような植物の名前が次々と飛び出す。

JR熱海駅から伊豆急行線に揺られること1時間ほど。湯煙が沸き上がる伊豆熱川駅から徒歩1分のところに、「熱川バナナワニ園」はある。観光が一般的に広がり始めた1958年の開園以来、インパクトあるその名前とともに、海あり温泉ありの観光スポットとして親しまれている。

本園のワニ園、植物園のほか、少し離れた場所に分園がある。分園長でもある清水さんは、1977年の入社。勤続40年の生き字引のような存在だ。

「もともとは杉やヒノキが生えている山だったところを伐り開いて、温泉の熱を利用して温室などをつくった施設です。開園当初は文字通りバナナとワニだけでしたが、初代園長の木村亘さんが世界

世界中を駆け巡って連れ帰った魅惑の植物は、清水さんの宝物だ

学芸員の清水秀男さん。1998年に設立された日本ブロメリア協会の立ち上げメンバーであり、事務局長としても活躍中。写真はため息が出るような素晴らしいティランジアの温室

ブラジルを代表するバナナの品種「プラタ」。台湾バナナより房は小さく収穫量も少ないが、味は抜群

「ジェードバイン」（和名・ヒスイカズラ）は園の看板植物。毎年3～5月にかけて何百房も咲く様は壮観。フィリピンの絶滅危惧植物

ティランジアの一種「フンキアナ」。ベネズエラ原産の小型種で、美しい緋色の花が人気

ティランジアの代表種『イオナンタ』。メキシコ原産。開花時に葉が赤く色付き、間から紫色の筒状花を咲かせる

銀色のタコみたいな「ティランジア・エーレルシアナ」。600種もあるエアプランツの中でも特にユニークで人気がある。メキシコ原産

ティランジアの一種「ストリクタ」。ブラジル原産。花は暮れに咲き、そのピンクの花房が最高に美しく、大人気

中を歩いて、集めた熱帯植物を育て、展示するようになったのです」

中でも、50年の歴史があるという熱帯性スイレンの温室は、色とりどりの淡い光が水に浮かんでいるように、幻想的な景色が広がる人気のコーナー。木村さんがインドを訪れたとき、朝、スイレンが咲くそれは美しい光景に感激して持ち帰ったことが始まりという。今、60～70品種のスイレンがある。

「花だけでなく、葉も見所なんですよ」と清水さん。他にも、「私の仕事は、珍しい植物をさりげなく育てて、置いていくこと」というように、昨今流行のエアプランツなども、もう30年以上も前から育てていて、おびただしくも手入れの行き届いた乾いた色の植物群がひしめく。

もちろんうまくいくことばかりではなく、「オウムカズラなどは何度も導入に失敗して、花を咲かせるまでに30年かかりました」。全体で約5000種もある植物の、それぞれに目をかけ手間をかけ、愛情を持って世話をする。「きれいに維持されているのが、当園の持斆です。それが口コミで

熱帯性スイレンの品種「チョンコルニー」。タイで作られた品種。素晴らしいピンク色

熱帯オーストラリア原産の熱帯性スイレン。「ニンフェア・ギガンテア」。本種の自生地にはオーストラリアワニが生息。花見は要注意

熱帯性スイレン温室。築50年になる温室で、清水さんいわく「世界一美しい熱帯性スイレンの栽培施設と自負しています」

園内で栽培されているバナナは、おいしさで定評のある台湾バナナ。これはその代表品種「仙人蕉」。こんな立派な房は滅多に見られない

園内研究室の窓辺に飾られた白い多肉植物の数々。清水さんが趣味で30年来育てている、ベンケイソウ科の植物

熱帯性スイレンの代表品種「セントルイス・ゴールド」。アメリカのセントルイスにあるミズーリ植物園で作られた品種

広がり、幅広いお客さんに来てもらう一番の方法だと思っています」

ちなみに清水さんは、中学生の頃から大のサボテン好き。しかし同園では「伊豆シャボテン公園」（22頁）との競合を避けるため、サボテンは置いていない。清水さんにとっても「サボテンは好きすぎて仕事にしたくない」そうで、自宅で趣味として育てている。仕事を終えて家に帰って、今度はサボテンの世話をするのが寛ぎの時間というから恐れ入る。研究室の窓際には、白い多肉植物だけを集めたコーナーを作っていて、夜、仕事が終わったあと「儀式のように」20分かけてそれらに水やりをするのだという。

園内の散策のあとは、相模湾を見渡せるフルーツパーラーでひと休み。園で収穫したバナナを使ったパフェやバナナジュースがおいしい。開園当時から変わらない建物もかわいらしく、味わい深い魅力になっている。

行くたびに違う楽しさ。
クレマチスと
四季折々の草花が響き合う。

CLEMATIS
NO
OKA

クレマチスの丘

入口を入ると広い芝生に彫刻作品が展示されている

広大な敷地に3つの美術館と文学館、レストランからなる複合施設「クレマチスの丘」。中でも、「ヴァンジ彫刻庭園美術館」の建物を囲むように広がる庭園は、年間を通して約250種ものクレマチスを楽しめるとあって、繰り返し訪れる人も多い。

文／佐野由佳　写真／小澤義人

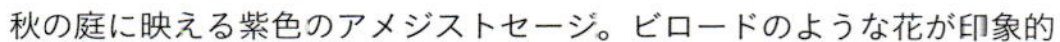

秋の庭に映える紫色のアメジストセージ。ビロードのような花が印象的

クレマチスに映える草花との組み合わせを

起伏のある芝生の丘が、のびやかな景色をつくっている。広い芝生を縁取るように植えられたクレマチスと、バラなどの季節ごとの草花と、日盛りには木陰をつくるクスノキの大木。手入れの行き届いた庭園は、２０１７年に創設15周年を迎えた。

長泉町は、もともとクレマチスの一大産地。苗木の出荷量が、全国シェアの6割を占めるという。子どもたちには、小学校入学と同時に町からクレマチスの鉢植えがプレゼントされるほど、地元ではなじみの花だ。

「世界的にも愛好家が多い植物なんですよ」と、花のような笑顔で解説してくれたのは、同庭園の「ヘッドガーデナー」の阿部さくらさん。ガーデナーにふさわしい名前は、もちろん本名である。創設の時から参加して、現在12名のチームで管理にあたる。

いかにクレマチスを美しく見せるか――それが創設当初から現在まで、この庭園のテーマ。品種が

花の咲く景色をイメージしながら日々植物たちのお世話をしています

秋から冬には「シルホサ」や「アンスンエンシス」など小ぶりなクレマチスが咲くので、下草にボリュームを持たせバランスを取る

ポール仕立てのクレマチスコーナー。中心が「ラプソディー」。左手は、樹木仕立てにした「ヴィクトリア」

「開花時期や花の組み合わせ、作品との調和など15年かけてようやく思い描いていた庭園に近づいてきました」と話す阿部さん

「クレマチス・ビーズ・ジュビリー」と八重の「クレマチス・ベル・オブ・ウォキング」の組み合わせ。どちらも早咲き

クレマチスの競演。フリルのような花の「テンテル」、青紫色の「セム」、淡い藤色の「ブルー・エンジェル」、濃い青紫に黄色い花芯の「ジャックマニー」

淡い明け方の光のような花色が美しい「クレマチス・H.F.ヤング」。早咲きで、新旧両枝に咲く

濃いピンク色の「クレマチス・プリンセス・ダイアナ」と、内側中心に向かって白く抜ける「クレマチス・踊場」の組み合わせ

多いクレマチスは、一季咲きでも品種ごとに開花の時期が違う上に、四季咲きの場合は、剪定することで5、6月に一番花を咲かせ、7月下旬から8月下旬に二番花、10月中旬に三番花を咲かせる。クレマチスとひとくちに言っても、実に多様に、年間を通して花を楽しむことができる。

「剪定の仕方さえ覚えれば、強くて育てやすい植物です。ここへ来られる方が、ご自宅の庭でも参考にできるように、いつも心掛けています」

ちなみに、クレマチスはギリシャ語で蔓を意味する「クレマ(klema)」にその語源があると言われており、「蔓性植物の女王」の異名を持つ。その特性を活かして、2、3品種の組み合わせを立体的に楽しめる「ポール仕立て」のコーナーなど、植え方、見せ方も、さまざまに工夫が凝らされている。クレマチスと同様に人気のあるバラなど、他の草花との組み合わせも見所のひとつ。

「グラス類も好きで、よく植えています。ミューレンベルギアやペニセツムなど華やかなもの

イタリアの現代彫刻家ジュリアーノ・ヴァンジの作品「プリマヴェーラ（2009）」。10～11月にかけて背景の秋バラが作品に彩りを添える

クレマチスのこと

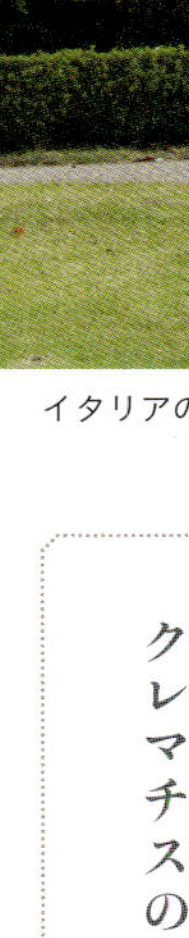

◎系統について

系統の分け方にはいくつかの説があるものの、クレマチスは世界各地に原種が自生しており、基本的にそれを元に分類されています。例えば、木立性／半木立性のクレマチスであるインテグリフォリア系は、東ヨーロッパに自生する原種を中心に改良された改良品種の集まりで、チューリップ形の花を咲かせるテキセンシス系クレマチスは、北アメリカのテキサスに自生する原種を元に改良された品種です。世界各地で品種改良が進んだことにより、多種多様な形、花色、草姿、開花期のクレマチスを楽しむことができるようになりました。

◎開花時期について

クレマチスの丘では、例年4月中旬から早咲き大輪系の開花が始まります。5月上旬からは遅咲き大輪系、中旬からはヴィチセラ系、テキセンシス系が開花期に入り、これらの四季咲きの品種は剪定作業によって年間数回開花します。夏にはヴィタルバ系、秋にはシルホサ系、冬にはアンスンエンシスといった種類の花を楽しむことができます。

や、手で触って香って気持ちの良いものを間に入れて、バラの引き立て役としても映えるようにしています」と言う。春先にかけてなら、球根性の植物が多くなる。アリウム、ムスカリ、チューリップ……。また、芝生の中からシクラメンの原種やクロッカスなど、毎月違った小さな花々が顔を出すのも、思いがけない楽しみ。

白い花だけを集めている「ホワイトガーデン」と呼ばれる一角では、4月から5月は壁面が真っ白に。アルバ・ラグジュリアンスを代表とする四季咲きの品種が、10月頃まで楽しめる。さらに、秋から春にかけてはパラシュート型の花を咲かせるシルホサ系が見頃となる。

「これからは、新しい品種も増やしていきたいですね」と阿部さん。現在、世界中には数千もの種類があるといわれるクレマチス。

ますます、新たな顔を見せてくれるに違いない。

鮮やかな芝生と青い海、その向こうに姿を見せる富士山。電線を気にせず空を見上げられる吉田公園は、訪れるだけで開放的な心持ちになる。春のチューリップまつりや四季折々のイベントでにぎわうこの公園は、草花を愛する人々が支えて今がある。野鳥や渡りチョウもやって来る公園となるには、10年の歳月を要した。

文／永野香里　写真／多々良栄里

海のそばの緑の芝に、心がほどける。

YOSHIDA PARK

静岡県営 吉田公園

ゴルフ場にも負けない管理の芝生広場

「フジバカマ」に止まるアサギマダラ。美しい羽が少し破れかけたものもいて、旅路の厳しさを思わせる（写真左）。半日陰を好むユリ科の植物「ホトトギス」（写真右）

NPO法人しずかちゃん理事長の川崎順二さん。草花や野山を愛する川崎さんの温かな人柄が、この公園に体現されている

空と草木と風の音 自然を活かした公園づくり

大井川が駿河湾へと注ぐ河口の西側に、静岡県営吉田公園はある。春には10万本のチューリップが園内を彩り、夏にはその広々とした芝生広場で大規模な音楽フェスが開催され、多くの人が足を運ぶ。夏には夏の、冬には冬の花を、14・3ヘクタールの敷地の至るところで見つけることができるし、津波などの非常時には、7000人近い人が同時に避難できる命山も作られている。

「2001年しずおか緑・花・祭」の会場として整備されたこの公園は、緑花祭終了後も毎年、吉田町主催で「みどりのオアシスまつり」が開かれている。2006年からは「NPO法人しずかちゃん」が指定管理者となり管理・運営を引き継いだ。理事長の川崎順二さんは、しずおか緑花祭開催にも携わってきた一人だ。

「大きな木のいくつかは、昔この場所にあった農家の敷地に植えられていたものです」。そう話しながら、川崎さんは木々や草花を一つずつ説明してくれた。

「ナンキンハゼは平地でも紅葉がきれいな木。白い実はかつて、ろうを取るために使われたそうです」

「オガタマノキは、霊を招く木として、天の岩戸の神話に出てきますね。神社などでよく見かけます。赤い実は、鳥がよく食べに来るんです」

「花が船のいかりの形に似ているイカリソウは、薬用にも使われる植物で、栄養ドリンクに入っています。山野草の好きな人にとっては垂涎の的になっていますね」

一本一本の木にまつわるエピソードは尽きない。今でこそ、人々の憩いの場として溶け込むこの公園が、もともと建設残土の処分場だったことを知る人は少ない。そして、残土が持ち込まれていた土地に、何もせずにそのまま草木が根付いたわけではもちろんなく、場所によっては3メートル近く掘って、土を入れ替えることもあったという。

「ちょうど、アサギマダラが来ていますよ。もうかなり少なくなってしまいましたが」と、フジバカマの茂るエリアを案内してくれた。数匹の渡りチョウが、優雅にフジバカマの周りを舞う。中には、遠く福島県の裏磐梯辺りから渡って来たという記録もある。「渡りの途中、フジバカマの蜜を求めて飛来するんです。キジョランも植えてあります。ガガイモ科のキジョランに産卵しますから」

毒があるつる植物・キジョランを食べるのは、アサギマダラの幼虫だけ。幼虫のうちに毒を体内にため込んで羽化し、「鳥に食べられない体」になってから、飛翔する。

花と人を愛する心にあふれた公園には、他にない安らぎがある

◎「エゴノキ」（エゴノキ科）
5～6月頃、白い花が咲く。生の果皮にはエゴサポニンを含み石鹸の代用にしたり、魚毒として魚獲りに使われた

◎「オミナエシ」（オミナエシ科）
秋の七草の一つ。別名は盆花、栗花。7～10月頃まで長く花を楽しめる。若葉、若苗は和え物、煮物にも

◎「キキョウ」（キキョウ科）
秋の七草の一つ。鑑賞と薬用（去痰・鎮咳剤）として栽培されてきた。花は6月頃から見られる。吉田公園では秋に咲く野生種も

◎「ハマナシ」（バラ科）
ハマナシ（別名ハマナス）の花は5月頃咲く。香り良く、果実はジャムに、花は香水に使われる

◎「チューリップ」（ユリ科）
16世紀にトルコからヨーロッパに渡り、オランダで品種改良された春を代表する花。吉田公園では毎年植栽ボランティアが植えている

◎「ハクウンボク」（エゴノキ科）
花は5～6月が見頃。「白雲木」の由来は、白い花が満開になった様子が白雲のようであることから。種子はヤマガラの大好物

ビオトープ池にはカルガモやサギ、カワセミなどの野鳥もやって来る。この池も当初はヨシやガマが生い茂り水面が見えなかった。ガマは萌芽しない時期を見極めて刈り払い、野鳥が観察しやすい環境を少しずつ整えていった。

ビオトープ沿いの「野の花の小径」には、キキョウ、オミナエシ、ワレモコウやナデシコなど、控えめで可憐な和の花が次々に咲く。「秋の七草がこれほどそろって咲く場所は、他にはあまりないと思います。ここまでに10年かかりました」と川崎さん。

4万平方メートルの芝生広場には、遊具といえるものは一つあるだけだ。でも、「最大の遊具は芝生」と川崎さん。思い思いに芝生を駆け、野の花や木々の変化を発見する。それが、この公園のとっておきの楽しみ方だろう。

静岡市の高台にある静岡県立大学。その敷地内の一番高いところに、ひっそりと大学付属の薬用植物園がある。薬学の研究という観点から多様な植物が集められ、育てられているが、誰でも見学することができ、花や実だけでなく、種や効能についても知ることができる。秘密の庭に迷い込んだような、不思議な静けさに魅惑される。

文／永野香里　写真／多々良栄里

植物の一生に触れる薬用植物園

UNIVERSITY OF SHIZUOKA MEDICINAL BOTANICAL GARDEN

静岡県立大学 薬用植物園

学ぶもよし、歩くもよし 薬草たちに心癒やされて

人は長らく草木に病を治す効果があることを知り、利用してきた。どの植物が何にどのように効くのかを知って活かすことは、生きること、そのものに結び付いていたといってもいい。静岡県立大学付属薬用植物園は、3300平方メートルの標本園や2000平方メートルの栽培圃場のほか、温室も備え、約850種もの植物を有する。その多くは、県立大学薬学部の「天然薬品学」や「生薬学」の実習で、実際に生薬として使われる植物の生態を知り、研究するために栽培されている。静岡県になじみ深い「ミシマサイコ」や、漢方薬の原料としても知られる「トウキ」なども、ここで見られる植物。ただし、他の多くの植物園と違うのは、枯れてしまうまでを見届けることだろう。

「毎年5、6月の実習で使うために、種から育て、花が咲き終わってまた種ができ、枯れるまでそのままにしておきます。その後、秋から冬にかけてまた種を取ったり根を掘り取ったりして、生薬のサンプルにし、掘り取った状態を観察するんです」

薬用植物園の管理をしている山本羊一さんがそう説明してくれた。薬用植物には、葉を使うもの、根に薬効があるもの、花から種まで全て使うものなど、さまざまな種類があり、それぞれが厚生労働

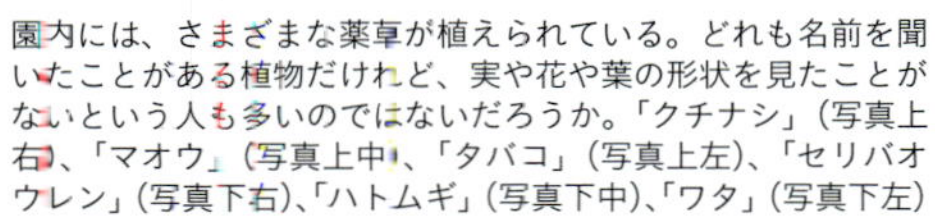

園内には、さまざまな薬草が植えられている。どれも名前を聞いたことがある植物だけれど、実や花や葉の形状を見たことがないという人も多いのではないだろうか。「クチナシ」（写真上右）、「マオウ」（写真上中）、「タバコ」（写真上左）、「セリバオウレン」（写真下右）、「ハトムギ」（写真下中）、「ワタ」（写真下左）

種も葉も、根も花も。
薬草は、けなげなほどに人の役に立っている

栽培管理スタッフ山本羊一さん（右）。漢方の知識を持った宮本さん（左）は山本さんの前任者で、今も師と仰ぐ

省が定める「日本薬局方」に基づいて、どの部位をどのように使うかが決まっている。そのため、ここでは一つ一つの植物に、学名のほか薬として使う場所、用途なども記されている。

「例えば、料理によく使うアオジソは、薬局方には載っていないけれど、アカジソは載っているので、薬に使えるのはアカジソのみ。ゴマも、白ゴマは油に、黒ゴマは生薬にしますが、金ゴマは主に食用にします。これは種子から油を搾って油にするアマ。亜麻色はこの種子の色なんです」

学生の実習に使えるよう管理するのが山本さんの仕事だが、それ以外に「種の維持」という大事な役目もある。

「ここにある植物は、基本的に自家受粉されるので、ここで種子を取ります。その種子を翌年まで保存して、次につなげる。そうして循環させているんです」

もともと山本さんは造園業者として、県立大学の敷地に出入りしていた。その際、足を踏み入れた薬用植物園に「楽園がある」と思ったと言う。

「普通、造園の仕事は定期的に誰かの家の庭の手入れをするけれど、一年中同じところにいるわけではないし、植物の一生を最後まで見ることはありません。だから、種まきから収穫、その後の姿まで、一年かけて見届ける仕事が理想だったんです」

熱心に通い、栽培のイベントにボランティアとして参加もして、管理に携わるようになったのは3年前のこと。薬用植物の知識や特徴は、ここに入ってから学んだ。

大きな葉を茂らせているのはウコン。根を乾燥させ、粉末にすると、料理でおなじみの「ターメリック」になる。「ウコン、ハルウコン、ガジュツは同じショウガ科の植物で、一見よく似ていますが、葉の手触りが違うし、根の色も全然違うんですよ」。そう言って掘り起こしてくれた。ウコンはオレンジ色、ハルウコンはレモンイエロー、そしてガジュツは美しい水色…。

ささやかで、ドラマチックな変化に満ちた植物。その一生と寄り添えるのも、この植物園が「楽園」である所以だろう。

「ガジュツ」。ウコンの仲間で見た目の区別は難しい。根茎を健胃薬として使う。生で割ってみると驚くような水色をしている

「ハルウコン」は葉の裏に産毛があり、根茎を割るとレモンイエローなのがウコンとの違い。こちらの花は、かわいらしいピンクで6月頃咲く

ターメリックの名で知られる「ウコン」。ショウガの仲間で、夏〜秋に茎の根元に白い花が咲く。カレー粉に使われる根茎は、鮮やかなカレー色

「ナタマメ」。刀のような形の若いさやは、福神漬などに使われる。薬効には豆を利用、昔から排膿の妙薬として、歯周病や蓄膿症に良いとされた

「エビスグサ」。種子は緩下、利尿作用があり、生薬名をケツメイシという。また、ハブ茶という名で健康茶としても利用されている

山本さんは漢方に直接関わらない樹木にも詳しい。こちらは園内にある「サルナシ」。キウイの原型で、コクワと呼ばれる実は食用にもなる

中国では三大婦人薬の一つといわれる「トウキ」。かわいらしい白い花が5〜6月頃咲く。根を乾燥させて漢方に利用する。柔らかい葉っぱは、天ぷらにもできるそう

「ミシマサイコ」は、三島が良質な柴胡の集荷地であったことから名前が付いた。解熱・鎮痛に効くといわれ、一般の人にもよく知られる漢方の一つ

「アマ」。成熟した種子から採れる亜麻仁油は、栄養・美容効果があるとして注目されている。ツブツブした種子は美しい亜麻色

「はままつフラワーパーク」は1970年オープン。以来、折に触れて地域の緑と花にまつわる催しが行われ、2015年からは「日本の春は浜名湖から」を合言葉にその魅力を発信し続けている。その先頭に立つのは、理事長で樹木医の塚本こなみさん。次々と景色を変えるこの広いガーデンで「日本の四季の移ろいを楽しんでほしい」と語る。

文／永野香里　写真／多々良栄里

全身で四季を感じ、
花の美しさを浴びるガーデン。

HAMAMATSU
FLOWER
PARK

はままつフラワーパーク

真っ赤な花は「トーチジンジャー」（写真上左）、「イランイランノキ」（写真上右）、「キッコウリュウ」（写真下右）

日本を代表する樹木医として知られる塚本こなみさん。温室の植物は専門ではない、と言いながら一緒に温室を歩いて、不思議な植物を楽しんだ

今年もあの花に合いに行こうって思っていただけるような絶景を

隅々まで心配りのある日本で一番美しいガーデンを

取材に訪れたのは、ちょうど花の端境期。一番花が少ない季節、しかも雨模様にも関わらず、決して少なくない来場者が、広い園内を散策している。30万ヘクタールの敷地内に、チューリップ畑や桜並木、梅園や原種ツツジ園、ローズガーデンや南国の珍しい植物が茂る温室など、どの季節にどこを歩いても、花や木々に出合えるこの場所を「世界中を見ても、これほど美しいガーデンはないと思っています」と塚本こなみさんは話す。50万球のチューリップが園内を染め上げる春には、満開の桜並木に歓声を上げる人たちでにぎわう。5月にはフジの美しさにため息をつき、梅雨前にはバラが見頃を迎える。秋には園内のそこかしこでツワブキが鮮やかに輝き、冬には梅とともにスイセンが凛とした姿を見せる。それぞれの花の見頃を計算し、最も美しく見せるための形を思い描くのが塚本さんの仕事。例えば、桜の下を緑の芝で覆ったのも、グリーンのコントラストによって、桜の色合いがいっそう引き立つようにという演出だ。

塚本さんが園造りを託されたのは2013年のこと。以来、「どうしたらお客さまに感動と喜びを与えられるか」という思いで取り組んできた。50年近く前に作られたハードを大きく変えるのは難しいが「ロケーションを生かしたナイスバディに、どうファッションやメイクを施せば、すてきに仕上がるか」というソフト面から、アイデアを出すことはできた。今あるものに何をプラスすればさらに美しく進化できるか。花の景色をイメージし、積み重ねた経験と感性で実現させる。樹木医としての知識も最大限生かし、化学肥料を使わずに土づくりから挑む。初めて訪れる人には期待以上になるように、「新しい風景を見たい」と

毎年、50万球もの花を咲かせる「チューリップ」。世界一美しいと評判の桜とのコラボレーションも見事というほかない

720品種、100万本という膨大な「ハナショウブ」がそろうハナショウブ園は、6月中旬までしっとりとした上品な花を見せてくれる

桜の時期は、咲き誇る1300本の桜が壮観。庭園の芝生は、2種類の芝の特性を活かしてずっとグリーンが続くように工夫されている

「ノダナガフジ」のトンネルは80mに渡り、4月下旬からが見頃。「日本で一番フジの花を知っている」という塚本さんの自信作

「シロフジ」のトンネルも、ノダナガフジに続いて全長70mの棚になっている。庭木仕立てのフジや5色の花の鉢植えとともに、春爛漫を楽しめる

英国園芸研究家の吉谷桂子さんがプロデュースしたイギリス風の庭園「スマイルガーデン」

2014年に国交樹立60周年の節目を迎えたヨルダンの駐日大使夫人から寄贈されたヨルダンの国花「ブラックアイリス」。日本では同園で初公開された

フラワーパークでは、春から初夏にかけてローズガーデンのバラのアーチが見頃に

いうファンには、驚きを伴う新しい試みを。塚本さんのライフワークともいえるフジも、その一つだ。「フジは最も好きな花。ここに来たばかりの頃は、フジは少しだけしかなかったんです」

フジ棚でトンネルを作り「庭木仕立て」のシロフジも春にに欠かせない存在となった。「フジで虹ができればいいな」と、リズミカルに色が変わるトンネルも作る予定だ。

一つ一つの草木や花に、塚本さんはいとおしそうに触れる。「園内の1本の木に合いに来る、というお客さまもいるんです」と、心からうれしそうに笑い、温室の熱帯の植物に「ここは上や下を注意深く見て、珍しい花に気付いてほしい」と、宝物を探すように歩く。香水にも使われるイランイランノキの花や、色鮮やかなヘリコニアロストラータの花、亀の甲羅にしか見えない亀甲竜、何十年も生き、花を咲かせたとたん命を終えるサボテンの仲間は、通り過ぎるにはもったいないほど、その姿かたちも生き様もドラマチックだ。

塚本さんは、訪れる人にとっての癒やしの場所になれば、と言う。そして「こども広場に、子どもの背丈に合わせた桜のトンネルを作ろうと思うんです」。

親と一緒に訪れた子どもたちが桜に包まれる、背の低い桜並木。全身で五感で桜を感じ、その美しさを思い出として記憶に残せたら「どんな心の子になるか、ワクワクします」。

それは、きっと塚本さん自身が心躍らせながら花や木と接し、最も近くでその美しさを感じているからに違いない。

おとなりのボタニカルスポットへ

自然には心身を癒やす力があるそう。まずは自然の中で深呼吸。

季節の恵みもいただき、日々の暮らしに生かしてみましょう。3つの楽しみ方、提案します。

文／永野香里（p48-50.53.57上.60）、大楽眞衣子（p51.52.54）、山口雅子（p55.58.59）、タビタビ編集部（p56.57下）
写真／望月やすこ（p48-50.53.55-60）、武智一雄（p51.52.54）

ゆるびく村　若者を惹きつけるゆるやかな時間と空間

心をほぐす自然に浸る

野鳥のさえずりに耳を澄ませ、光と風に包まれる
自然の中を散策したり、カフェを楽しんだり
喧騒を離れ、ゆったりのんびり大人の休日を

瀬戸ノ谷巡り

のどかな里山風景が広がる藤枝・瀬戸ノ谷。自然に魅せられ人々が集まってくる。せせらぎの音を聞きながら、ゆったり過ごしたい

店舗を取りまとめる村長の下茂さん。若者たちのチャレンジの場を用意。建物を借りて店を始め、自信を付けて別の場所へ巣立っていく人も多い

藤枝市街地から県道32号を北へ車を走らせる。瀬戸ノ谷の山々が迫る途中の細い橋を渡った先で止まり、ドアを開けた瞬間、川の流れる音に包まれた。雑貨店やカフェなどが集まる「ゆるびく村」は、この水音や鳥のさえずりがBGMだ。

もともと森林組合の木材加工施設だった土地を、「村長」の下茂俊幸さんが取得したのは2006年。「自然の中にありながら、不便ではない所で林業をしたい」。たどり着いたのが、瀬戸川沿いのこの地だった。大きすぎない川と、午後も日が差す山の間。1000坪の広い敷地で木工の仕事をしつつ、「世代を問わず、さまざまな人が気軽に集う場所にしたい」との思いを形にしてきた。小高い丘を中心に、木造の温

かみある建物が点在する。カフェやセレクトショップ、カレー店などが入居し、店を開きたいという若者たちの夢の実現を後押ししている。

市街地から車で30分ほどの緑深い自然の中。店を出したい人も、客として訪れる人も「ここだからこそ」と足を運ぶ。その理由はやはり、瀬戸ノ谷の魅力。そして、その名の通り「ゆるやかな雰囲気だから」と下茂さんは言う。

隣接する市営の芝生広場では親子連れが思い思いに遊び、川のそばに建つカフェでのんびりお茶を楽しんだり、本を開いたりすることもできる。曜日ごとに異なる店舗が自慢のカレーを出す「カレーラー」からは、四季ごとに濃淡を変える山を望める。時の流れを気にせずリラックスして過ごしたい人にも、自分のペースで可能性を探りたい人にも、最適な場所だ。

木々の緑が際立つのは晴れた日ばかりではない。川のせせらぎに雨音が重なる日だからこそ、つややかな葉の色に気付くこともある。訪ねた日が雨だとしても、それはラッキーだと思ってほしい。

森の読書室　Liferary

4～11月の第1日曜だけオープンする森の木陰の読書室。手製の本棚に並ぶ約400冊は、主宰する永嶋美佳さんの愛蔵書。自然や暮らしを中心に、食や旅など毎月テーマを決めてセレクトする。広いベンチに寝転んで読むもよし、思い思いに本の世界を楽しんで

ハンモックカフェ「Hoa Sua（ホアスゥア）」ではベトナムの家庭料理が味わえる

赤い屋根の六角堂が目印の「aima」。チャイと焼き菓子を中心にランチも楽しめる。週末は夜も営業、満月の日にはマルシェを開く

SHIZEN DESIGN

英国でファッションデザインを学んだ城内香奈さんのオリジナルブランド「kaNASHKA」を中心に扱うセレクトショップ。「朽ちゆく物の中に見える生命の奇跡から、新しい何かを生み出したい」。昆虫や木の葉をモチーフにしたアイテムは、どれもみずみずしく愛らしい

川に架かる長さ約20mの吊り橋。渡った先に古民家がある

滝ノ谷川のそばに建つ築250年、江戸時代の古民家が水車むらの拠点。薪割りやかまどでの火起こし、炊飯など農村生活体験ができる（予約制）

水車むら

川のほとりの「宝の山」農村生活体験の場に

卯乃木

澄んだ空気、清らかな湧水に魅了され25年前に移住。現在は松澤裕樹さんが父の跡を継ぎ、そば、うどんを打つ。香り、のど越しの良い産地や銘柄を厳選。天ぷらは地元で採れた山菜を中心に旬の素材を盛り合わせる。野の花の箸置きなど細やかな演出に感動

沢の音が心地良い店内。額は小川国夫直筆の書「野に花実　人に真実」

「水車むら」を立ち上げ、守ってきた臼井太衛さん（左）と、その思いを継ぐ保志弘幸さん

瀬戸川の支流、滝ノ谷川に沿って上る。晩秋には紅葉の名所として知られる滝ノ谷不動峡のさらに奥の川のほとり、吊り橋を渡った先に一軒の古民家がある。

１９８１年、社会の急激な変化に警笛を鳴らし、都市部と里山との交流を図る場として発足した「水車むら会議」。クリーンなエネルギーのシンボルが水車だった。活動を率いた臼井太衛さんは、藤枝市出身の作家・小川国夫さん、民俗学者の野本寛一さんらとも交流を持ち、後に藤枝市文学館設立にも尽力した一人だ。

35年以上経った今、水車は静かに眠っているが、ムーブメントの熱は炭火のように静かにこの場所を温め続けている。保志弘幸さんが水車を再び稼働させ、木や竹を炭にしたり、囲炉裏を囲んだり、といった農村生活体験ができる場にしようと奮闘中。いったん故郷を離れ、世界を見て戻った時、ここが「宝の山」であることにあらためて気付いた。

イチョウや紅葉、桜や藤、紫陽花。山々を彩る季節ごとの表情を「孫の世代まで残したい」と願う。

COEDA HOUSE

空と海に溶け込む「木」のカフェ

ヒノキの角材を組み上げ1本の大きな幹をつくる。人気のメニューは特産のダイダイを使った熱海タルトフロマージュとローズジュース。ガーデンには世界中から集めたバラやハーブを植栽

青い海、青い空━。両手を広げたくなるほどの絶景の丘に、日本を代表する建築家・隈研吾氏が設計したカフェが建つ。昨年9月、熱海市のアカオハーブ&ローズガーデン内にオープンした、1500本の角材を49層に組み上げた独創的な木の空間。中に入るとヒノキの香りが漂い、まるで大きな木に抱かれているような安らぎを覚える。

店名「COEDA HOUSE」は隈氏が名付けた。「CO」はラテン語で「集まる」の意で、「木の下に人々が集う」という思いが込められているという。透明度の高いガラスでぐるりと囲まれた店内は、景色を遮る壁や柱がない。海を望むカウンター席に座ると、雄大な景色にしばし見とれてしまう。隣接する日本庭園から眺めれば、屋根には青空が映り込み、空と海の間に浮かんでいるようだ。

カフェがあるガーデン奥の日本庭園までは園内バスが運行。一服してから庭園を歩いて下るのがお勧め。イングリッシュローズやハーブなどに彩られた20万坪の花園を、時間をかけて巡りたい。

とらや工房・東山旧岸邸

幽玄な竹林が誘う二つの趣の庭

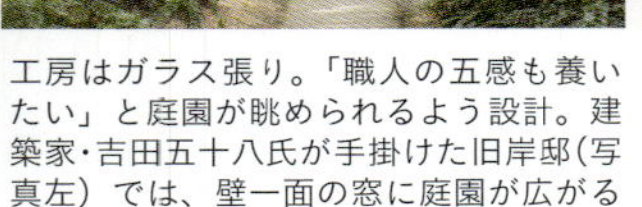

工房はガラス張り。「職人の五感も養いたい」と庭園が眺められるよう設計。建築家・吉田五十八氏が手掛けた旧岸邸（写真左）では、壁一面の窓に庭園が広がる

明治以降、別荘地として人気を集めてきた御殿場市東山に「とらや工房」が店を構えて10年。豊富な箱根の地下水と自然の美しさ、都心からのアクセスの良さでこの地が選ばれた。約5600坪もの広大な敷地の入り口には築90年のかやぶきの山門があり、京都・嵐山を思わせる幽玄な竹林が続く。梅、桜、紅葉と季節ごとに表情を変える庭園は、冬は雪が積もり風情を増す。隣接する岸信介元首相が晩年を過ごした「東山旧岸邸」へも行き来ができ、趣の異なる二つの庭園をゆっくり散策できる。

庭園を望む工房では「和菓子屋の原点に返る」をコンセプトに、職人が菓子作りに真摯に取り組んでいる。季節の移ろいを五感で感じながら、時に自ら土を耕し作物を育てる。卵やお茶など地元食材をふんだんに使った和菓子は、まんじゅうや大福、どら焼きなどほっとする素朴なものばかり。ゆるやかに弧を描いた建物は、一部がオープンテラスになっていて緑に溶け込むぜいたくな設え。庭園を眺めながら頬張れば、優しさと懐かしさが静かに胸に去来する。

紅葉山庭園

静岡の中心で庭園美に触れる

富士山をはじめ、駿河の国の名勝が織り込まれた紅葉山庭園。立礼席で、四季折々の表情を楽しみながら一服を味わいたい

静岡市の中心地、駿府城公園内に「和の文化を知ってもらう」目的で2001年に開園した「紅葉山庭園」。花菖蒲田や梅林を擁する大名庭園風の庭は、歴史になぞらえて駿河の国を模してある。築山で富士山を、池の石組みで伊豆の城ケ崎や石廊崎などを表し、三保の松原も再現した。立礼席では気軽に茶の湯が楽しめ、茶室や小間のたたずまいは、和の文化の真骨頂を見る思いだ。

こうした造形は、庭師による日々の細やかな手入れがなされていてこそ。さらに開園から15年以上経ち、人の手が造ったものが、ゆるやかに自然の中に織り込まれている様子も感じられる。鳥が落とした種が松の木に芽吹いたヤドリギ、池にはカモが卵を温めにやってくる。夏にはつくばいでメジロが水浴びに興じ、足元にはギボウシやツワブキが豊かに茂る。

どの季節に訪れても、それぞれにしっとりとした趣を感じられるが、圧巻は春。お堀の外側で満開に咲いた桜が、借景として庭園を彩る。散り際の桜吹雪が舞う頃に、ぜひ足を運んでみたい。

Cafe座禅石

森の中の隠れ家で木漏れ日ランチ

ギャラリーは地元アーティストの作品が並ぶ。大正ガラス越しの風景は少し歪んで見え、柔らかな印象

南伊豆町の山中、小道を登った先に春から秋の期間限定で「Ｃａｆｅ座禅石」がオープンする。自然の地形を生かし、木々の間にカフェやギャラリー、ブティックが点在し、別次元へ迷い込んだかのようだ。「初めてここに立った時、とても気持ちが良くって、店をやろうと決めました。それからは開拓でしたね」とオーナーの松田恵子さん。雑木林を切り開くところから建物の設計まで、15年もの歳月をかけて造り上げた。自生する落葉樹や苔を絶妙に生かし、慈しむように草や枝の一本一本まで整え、バランスを見ながら調和させている。六角形のカフェは外と一体化するガラス張りで、中にいても緑の景色に包まれる。大正時代の建具がより風情を引き立てている。

特等席は木漏れ日が心地良い屋外。地元野菜を使った季節のパスタやたっぷりのタマネギを煮込んだチキンカレー、自家製スイーツなどが味わえる。そよ風と鳥たちのさえずりに耳を澄ませば、心が解放されていく。散策や読書をしながら、ゆっくり過ごしたい。

アイアン製の門扉やレンガとの組み合わせはノスタルジックな印象に。年月を重ねるほどに味わいが増す

彩りも美しい季節の自家製タルト。提供時はお皿にバラの絵をチョコレートで描く

ラ・ローズデバン

南仏の香り漂うバラの庭園

浜松市引佐奥山の自然を背景にバラのツタが絡まるアーチをくぐると、そこは別世界。漆喰の壁にテラコッタ瓦の洋館、四季折々の草花が咲くレンガ敷きの庭に佇んでいると、まるで南フランスの片田舎にいるよう。初夏には白色を基調とした数十種のバラで埋め尽くされる。カフェ＆ギャラリー「ラ・ローズデバン」は、丹精込めた庭からアンティークの調度品、食器やスプーンにいたるまでオーナー伊藤陽子さんの美意識が貫かれた隠れ家的なスポットだ。

「夫の趣味が大工仕事で私がガーデニング。それを存分に楽しむために街中から離れたこの地を求めたの。土を掘り返し、6年がかりで庭を造り、週末を過ごすための家を建てました」。最初は友人を招き料理を振る舞うだけだったが、「お店をやったほうがいい」と言われ、冬場以外の土曜から月曜限定でオープンすることに。庭園ライブなどのイベントも定期的に開催している。斜面に咲き誇るバラに包まれ過ごしていると、身も心もほぐれていく。気候の良い時期はテラス席がお勧め。

彩り豊かな旬を味わう

大粒のブドウは宝石のようにきらめいて
甘い香りが漂うハマナス、みずみずしい野菜や果実は
生命力あふれる美しさ。自ら収穫、丸ごと味わって

大塚ぶどう園

美しき完熟の一房を求めて

透明感のある大きな粒が、日の光を浴びていっそう輝く。一房を手のひらに乗せてみると、ずっしりとした重み。静岡生まれの香り高いピオーネ、皮が薄く味が濃いシャインマスカット、シャリシャリとした食感のベニバラードなど、ハウスごとに表情を変える棚は圧巻だ。

静岡市の安倍川東岸、賎機山の麓。代々続く農家の大塚剛宏さんが 20 年前、観光ぶどう園を始めた。来園者のほとんどが県中部の地元。有名産地に出掛けなくても、近場で本物を味わえると定評を得てきた。息子の剛英さんは新品種の導入にも積極的。「ブドウは夏の暑さを乗り切った後にぐんと味が乗ってくる。それぞれブドウの色、形、香りも楽しみながら選んでもらいたい」と勧める。

新種の栽培にも積極的な大塚剛英さん。手入れに余念がない

鍋島ハマナス園

ハマナスの香りに包まれ花摘み

日本原産の野生のバラ「ハマナス」。500株を栽培する「鍋島ハマナス園」（島田市）では、その花の摘み取り体験ができる。中村貞一郎さん、小夜子さん夫妻が栽培を始めたのは約6年前。東京を離れ、茶農家だった貞一郎さんの実家にUターン。畑を生かそうと考えていた時、ハーブの魅力を知った。ハマナスを選んだのは「花も香りもいいから」。

最盛期は毎年5〜6月。あでやかな花は1日でしぼんでしまうため、満開のタイミングで摘み取るのがベスト。蒸留してローズ水に、ハーブティーやジャムにも。病気になりにくいため肥料や消毒いらず、安心して使えるのがうれしい。

大井川のそば、SLの汽笛が聞こえる絶好のロケーションでハーブの甘い香りに包まれる。ぜいたくな空間だ。

ハマナス畑を丹精する中村貞一郎さん、小夜子さん夫妻

色合いが華やかな自家製ハマナスドリンクで休憩

ももちゃん農園

旬の新鮮野菜を好きなだけ

果物狩りや市民農園はあっても、野菜の収穫体験ができる所は珍しいかもしれない。水産加工メーカーの技術職だった甲賀伊元さんが、焼津市郊外で「ももちゃん農園」を開いて15年になる。一番人気はトマト。鈴なりに垂れ下がるミニトマトの、緑から赤色に変わるグラデーションに思わず見とれてしまう。

ハウスや露地で年間約50種類もの野菜や果物を栽培する。ナス、ピーマンといった食卓を彩る野菜から南国フルーツまで、多彩な顔触れ。「農家の人たちと同じやり方ではかなわない」と出荷は行わず、「体験」に特化する。バケツに好きなだけ収穫し、出口の測りで清算する仕組み。採れたて野菜を手に、今夜の料理は何にしようか、と語り合うのも楽しそうだ。

ナス、キュウリ1本から、好きな野菜を欲しい分だけ収穫できる

農業の新しい形として「体験」に特化する甲賀伊元さん

植物の力ってすごい

姿カタチは小さくても存在感のある植物たち
緑の癒やし効果、秘められた植物の力、取り入れてみよう

鉢（底に穴が開いていればどんな材質でもOK）、苗（色合い、質感、高低差を変えて少し多めに）、培養土、軽石、飾り砂（写真はサンゴ）、ネット、スコップ、棒（割り箸など）

種類を楽しむ
多肉植物の寄せ植え

1. 鉢穴にネットをかぶせ、軽石を1/3（深鉢は半分）入れる。上から軽石がかぶる程度、培養土を入れる

2. メインの苗に合うものを組み合わせる。苗はポットからはずしたらよく土を落とし、根だけにしておく

3. 仕上がりをイメージしながら仮置きし、根をぎゅっと押し込むように植える。窮屈なくらいで良い

4. 棒などで土を突いて固める。表面に飾り砂を敷きつめたら完成。1〜2年後に植え替えを

work shop

季節ごとに体験イベント（有料）を開催。苗の購入時にスタッフから教えてもらい寄せ植えも可能
会場／浜松市北区

サボテン作り30年。代表の野末信子さん

約100坪の店内はずらりと並ぶ多肉植物とサボテンの苗が圧巻

カクト・ロコ

彩り豊かな多肉植物をインテリアに

20年前に小さな直売所からスタートし、今や全国のみならず海外からもファンが訪れるカクト・ロコ。自社農場に併設された広大なハウス展示場に足を踏み入れれば、一面に多肉植物の苗が並び、サボテンがそびえ、まるで温室植物園のよう。時期にもよるが種類はサボテン50品種、多肉植物400品種にも及ぶ。

一つでも存在感があるが、鉢やガラス容器に好みの色・形を数種類選んで寄せ植えすれば、表情豊かなインテリアになる。草花と違い長く楽しめるのが魅力。個性豊かでかわいらしく、身近に置いて育てているとペットを飼っているような愛着が湧いてくるという。室内の観葉植物というイメージが強いが、意外にも太陽好き。水やりが少なくて済み、霜さえ降りなければ戸外のテラスで大丈夫なので気軽に始めてみよう。

蒸留器、水、ハーブ（さまざまな植物でできる。今回は生のゼラニウムを使用）

蒸留して抽出 アロマウォーター

work shop

季節の植物を使った蒸留、植物療法についてのレクチャー。約2時間、5000円前後。HPなどで開催を告知
会場／浜松市中区

1. 蒸留器のガラス筒に水を入れ、ゼラニウムをちぎって詰める

2. 抽出管を差し込んで冷却ボウルをセットし、ガラス管を加熱

3. 成分を含んだ水蒸気が水滴になり、抽出管を伝ってビーカーへ

4. 抽出したアロマウォーターに好みの精油を混ぜて化粧水に

5. ゼラニウムは自律神経やホルモンのバランスを整えてくれるそう

ハーブティーは目的に合わせ数種を混ぜる。「マローブルー」は湯を注ぐと青からピンク、黄色へと変化

植物療法士として活動する鈴木七重さん

店内はハーブの香りにあふれ、癒やし効果満点（不定期オープン）

チムグスイ

植物の力を健康、美容に役立てる

植物療法士として植物の持つ力を伝えているチムグスイの鈴木七重さん。人気の蒸留体験では、ガラスの蒸留器を使ってアロマウォーターを抽出し、植物の力をまるごと活用する方法を教えてくれる。

鈴木さんは、肌のトラブルをきっかけにアロマを使い始め、結婚・子育てする中で薬草やハーブが役立つことを実感。安眠にはラベンダー、風邪の引き始めはエキナセア、デスクワークの疲れはローズマリーなど、ハーブティーで飲んだり、お風呂に入れたり。また虫さされは精油入りのバームを塗るなど、古くから民間療法に利用されてきたものも多い。「チムグスイ」は、“魂のくすり”の意味を持つ沖縄の言葉。植物の力を取り入れることで、心身が喜ぶ自然な暮らしと本来の自分を取り戻せたら、どんなに素敵だろう。

ポット苗（ヤブニウジ、ハツユキカズラなど主に下草類）、赤玉土・富士砂・ケト土（1：1：3の割合）、表面に貼る苔（ハイ苔）、剪定ばさみ、ツンツン棒（割りばしでも可）、麻ひも、霧吹き、洗面器

鉢無しで育つ 風情あふれる苔玉

1. 土を作る。3種類の土を混ぜ、霧吹きで水分を加えながら、団子状に丸める

2. 苗を後ろの穴からツンツン棒でつついて出し、土を落とす。根鉢をほぐさないように注意

3. ②に①の土を、根が隠れるくらいの大きさまで付け丸く整える。底面に水抜き穴を作ると良い

4. 苔を水で戻しながら伸ばす。約2倍の大きさになったら、隙間を埋める感じで③の表面に貼り付ける

5. ④に麻ひもを0.7～1cm間隔で毬のように巻き付けて完成。器に乗せてもハンギングでも

work shop

好みの苗を選び作成。1.5時間、3500円。開催は随時、2人以上で要予約
会場／焼津市

※水やりは、水を張った洗面器に気泡が出なくなるまでつける。夏は1日1回、冬は3～4日に1回程度でOK

植物との暮らし方を提案する良知正浩さん、真弥さん夫妻

受け皿や敷物を替えて
雰囲気の違いを楽しめる

良知樹園

暮らしに緑を。苔玉作りでリラックス

苔玉やモダン盆栽を通じ、植物に触れる魅力を気軽に知ってほしいとワークショップを開いている良知樹園。講師の良知真弥さんは「木や土に触れることで、忙しい人がホッとひと息つける時間になれば」と話す。土いじりなんて子どもの頃以来、という人がほとんど。しかし無心に土を混ぜ、丸く整えていくうちに不思議と心が落ち着いてくる。苔玉は、大切に育てれば長く楽しめるだけでなく、選ぶ器や敷物によって、装いを変えることもできる。

良知正浩代表は、20年前に造園業を継いだ。庭仕事は知るほどに奥が深く、その知識や技術を伝えたいと始めた剪定教室には、老若男女が通う。「生活様式が変わっても、やっぱりみんな緑を欲していると思うんです」。草木と関わるほど、暮らしは豊かになる。

時を超えて色鮮やかな灯り
ガラスが織りなす光の芸術

ニューヨークランプミュージアム＆フラワーガーデン

NEW YORK LAMP MUSEUM & FLOWER GARDEN

館内に並ぶのは19世紀後半から20世紀初期にアメリカで製作されたステンドグラスのランプとウィンドウパネル約70点。これだけの数の作品が一堂に集まると、荘厳な雰囲気が漂う。「オイスターベイ」の風景をかたどった連作をはじめ、初期の作品「幾何学模様」、重厚感あふれる傑作「レッドロータス」など美しい作品の数々を間近に鑑賞できる。自然をモチーフにしたものが多く、小さな色ガラスを一つずつ組み合わせ、微妙な色合いを表現。その美しさは100年を超えた今も、色鮮やかな光で包み込んでくれる。

鑑賞後はランプが灯る落ち着いた雰囲気のカフェでひと休み。海とガーデンを見渡すテラス席でのんびりとくつろいで。広大な敷地を彩る季節の花々を愛でながらの散策もおすすめ。

伊東市富戸 841-1　TEL：0557-51-1128　無休　ニューヨークランプミュージアム

いつも暮らしに花束を

誰かに花束を贈ったり、お祝いで花をもらったり。私たちにとって花束は特別なものになってしまいがち。でも、いつもの暮らしに花があるだけで元気になれるから、自分へのご褒美に花束を買って帰る日があってもいい。そこで、自分のための花束を選りすぐりのお花屋さんに作ってもらいました。

文／佐野真弓・タビタビ編集部　写真／小澤義人（p62-64）藤本陽子（p65-70）

Ortensia

オルテンシア
河津町

身近な野草で自分らしくRe花束を

らせん状にまとめる手法で作られたラウンド形の花束。シンビジウムを中心に、伊豆の踊子（バラ）やガーベラ、クレマチス、スプレー菊などの花を寄せて、温かみのある赤とオレンジの花束にした。取材時が初秋だったため、秋の実りをイメージした

花束を家でセンス良く飾りたい。そのコツを、河津バガテル公園のカフェ「オルテンシア」の後藤清也さんに〝Re（再びの）花束〟として提案してもらいました。

若手フラワーデザイナーとして、国内外で活躍する後藤さんは伊豆半島の河津町生まれ。高校卒業後はフラワーカレッジで本格的に花を学び2012年、24歳の時に独立。SNSなどでの写真が評判を呼び、海外のフローリストから講師として呼ばれたことをきっかけに、国内外の個人や企業に向けたフラワーアレンジ、ディスプレイ、ワークショップなどの仕事が増えていった。2015年、専門誌『フローリスト』のフローリスト・レビューで全国優勝を勝ち取り、その独特の世界観は確固たる評価を得る。2016年には河津バガテル公園内にカフェを併設したアトリエ「オルテンシア」を開設。地元河津出身の仲間たちがカフェを運営し、自身は東京と河津を行き来しながら、月に一度の教室を主宰している。

そんな今をときめく後藤さんに作ってもらったのは、無造作だけれど甘すぎず、ボリューム感のある花束。その花束をバラバラにしながら「僕自身は、その花がドライになるまでその時々を楽しみます。お花屋さんで買う大きさがそろった花もいいけれど、野風に吹かれた虫食いの野草なんか、より愛しいです」と話す。

後藤さんが育ったのは、静かな里山にある花き農家。いつも遊んでいた場所は、小川と森と田畑が広がる、昔ながらの日本の風景。

#01

花束に加える野草は、その季節らしいもの。主役になる花の邪魔にならない繊細な線で、流れるラインを出しやすいものなどが初心者でも使いやすい。小枝や、枯れたアジサイなども雰囲気を出すのに◎。野草は水の少ない環境で育っているので、切るとすぐ萎れてしまう。切り戻してたっぷりの水に浸け、10～15分水上げをする。花束は崩したら茎を軽く洗い、花材を種類ごとに分け、腐ってしまったり、萎れてしまったりした部分を取り除いておく。

re:flower 1

まだ使える花は、繊細な野草をプラスして装いに変化をつける。ネコジャラシや風草、チカラシバなど軽い質感のもので柔らかく光が透ける花束に。

re:flower 2

ススキを使ったアレンジ。色も質感も重い、大きな花を重心の低い花瓶に活け、流れるラインをススキで作る。窓辺で光に透ける様もかわいらしい。

re:flower 3

ガーベラやバラは茎が傷みやすい。お花はまだきれいなのに…という時は、頭だけ切って平らな水盤に浮かべる。繊細なクレマチスの葉をそっと添えた。

後藤さんが惹かれるのは、きれいなだけではないありのままの自然。「森の中では春にいきなりお花畑が広がることはなく、冬に積もった朽ちた葉の下から、繊細な緑が芽吹く。僕にとっての春はそんなイメージ」。単純な「カワイイ」ではなく、春夏秋冬それぞれの姿を表現するのが後藤さんの作品世界でもある。「だからRe花束にも、自然のままのイメージを残して野草を取り入れてみるとうまくいくかもしれませんね」と後藤さん。

枯れたチカラシバ、シャラシャラとした風草、青いススキ、ネコジャラシ…主となる花を邪魔しないが、遊びがある形のものを選んでいく。「植物を前にすると、素材の特性を理解したい、といつも思うんです。自然の中ではどうやって生えていたのかなって。植物たちはかわいらしさの半面、ゾクゾクするような気持ち悪さも持っている。葉っぱの裏側をペロッと見てしまったような世界を自分は表現したいのかもしれません」。摘み草をしながら、そんなことを話してくれた。

FLEUR DE PIAGET

フルール・ド・ピアジェ
沼津市

3色の色合わせでパリスタイルにアレンジ

こんもりラウンド型のブーケは、紫色のパンジーとアネモネが共演する。かすかに交じるパンジーの黄色もアクセントカラーに。菅井さんは「パンジーは香りも良く、アレンジに人気の花」と勧める。手を動かすたびに軽やかに揺れるアジアンタムの葉も愛らしい

沼津の駅前通り、上土商店街の一角にある「FLEUR DE PIAGET」。季節の花、観葉植物がやわらかなスポットライトを浴び、まるでヨーロッパの街角の花屋のよう。オーナーの菅井玲奈さんの定評ある花のセレクト､アレンジのセンスは｢小さい頃から母が花に親しむ姿を身近に見ていたことが大きい」という。

2015年のオープン。フラワーデザインの本場、パリにも足を運び、さりげなく日常生活に溶け込む花の見せ方、生かし方を提案してきた。最も大切にしているのは、色合わせ。「3色まで」を徹底する。洗練されたアレンジメントを学びたいと、首都圏や関西からレッスンに通ってくる人もいるほどだ。

「花が身近にあると、丁寧な暮らしを心掛けるような気がする」と菅井さん。花は生活の中で一番目に触れるリビングに飾ってほしいと話す。花に元気がなくなったら、3色を基本にアレンジし直してみてと勧めてくれた。

#02

SNUGGERY flowers

スナゲリーフラワーズ
静岡市

仕事帰りにシックな大人の花束を

ピンクベージュのバラとブラウンのトルコキキョウをメインに、ユーカリ、ドラセナ、ポリシャスの3種類の葉ものを加えて、モダンな空間の邪魔にならないように演出

「居心地の良い場所」を意味する店名。濃いグリーンの壁に間接照明が当たる店内は不思議と落ち着く。花屋に生まれ、東京や京都で花の勉強をしたオーナー杉山雄右さんは、2004年に静岡市郊外に花屋を出店。もっと人目に付く場所で店を構えたいと街中に移転したのは2014年のこと。

「花は季節を感じ、生活を豊かにしてくれます。家具や雑貨にこだわるように植物にもこだわってほしい。だから花も鉢も他にはないものをそろえています」。ピンクベージュのバラ、パープルのカーネーション、ブラウンのトルコキキョウなど、よく知られた花でも珍しい色が並ぶ。鉢物も気に入れば他県まで仕入れに行くという。

杉山さんは「花のあるHappyな生活」をコンセプトにした動画サイト『Fura Repi（フラレピ）』に参加している。初心者でもサイトを参考に、花のある暮らしを楽しんでほしいと語る。

#03

giverny

ジヴェルニー
清水町

上質なバラで春のナチュラルブーケ

市川バラ園のバラをベースに、同系色のカーネーションやアネモネ、白色のレースフラワー、ラークスパーを組み合わせた。淡い緑色がさわやかなスモークグラスやアイビーも花色を引き立たせ、スカビオサの丸い実が愛らしく顔をのぞかせる

店内に足を踏み入れると、一瞬にして花の香りに包まれる。花々のシックな色合いがガラス瓶に映え、個性的な形にも見入ってしまう。

店主の三保貴広さんは、欧州旅行を機にイギリスのフラワーデザインの専門学校に飛び込んだ。「自然な花のアレンジに惹かれて」。都内の生花店勤めを経て、2012年帰郷し店を構えた。憧れはパリ郊外のジヴェルニー村。印象派の巨匠クロード・モネが過ごした、自然豊かな暮らしに近づきたいと日々花と向き合う。

近隣で信頼を寄せるのが、三島の「市川バラ園」のバラ。「香りよく繊細な作りは全国的な人気。静岡県は切り花の一大生産地だが、地元には入荷の幅が狭い。魅力的な花々を手に取ってもらえる機会を増やしたい」。ブーケなら、「日がたてば切り戻して小瓶に生け替えて。ジャムなどの空き瓶でも十分。点々と置き場所を変えて楽しんでみて」と提案する。

#04

花かん

カカン／静岡市

枝ものでスタイリッシュにコーディネート

大きく枝を伸ばしたツルウメ、ユーカリの実、ラナンキュラスシャルロット（アネモネ咲き）、セルリア、エリンジュームというマッチングは唯一無二

店先には植物があふれ、中に入ると大きく伸びた枝ものや、見たことのない輸入ものの花などが並ぶ。和洋問わず、そのときのインスピレーションで仕入れるという店主の久保嶋さん。1999年のオープンから多くの枝ものを扱っており、店頭にこれほど豊富にそろえる花屋は少ない。

「枝ものには花にはないダイナミックさがあります。のびのびと空間を作ったり、季節感を感じられたりするところも好き。日持ちがよく、管理も簡単なので忙しい方でも楽しみやすいんです。花が枯れてきたら、あまり難しく考えず、自分の好きな花を足してください。自然と形になるものなので」と教えてくれた。

ディスプレイにはアンティークの花瓶や作家ものの器を使っているが、「器ごとください」と言われることも。個性的な花を飾りたい、花束を贈りたい、というお客さんに支持されている。

#05

KANNA

カンナ／藤枝市

花があふれるボックスフラワー

#06

手前／カラーとトルコキキョウ、そしてカーネーションの優しい色合いでまとめ、ふわりとした女性らしさを表現
奥／男性向けに格好よくイメージ。イヴピアッチェというバラは香りが強く、ふたを開けた時にふわっと香るため、ボックスフラワーによく使うという

店の名前が刻印された箱のふたを開けると、あふれんばかりの色鮮やかな花々が。そんなサプライズプレゼントにもぴったりのボックスフラワーを手掛けるのは、店主の八木郁矢さん。

花屋に生まれ、花を見て育ったが、大人になって花とは縁のない職に就いた。あるときパリにも店を構えるフローリスト谷口敦史氏の作品を見て人生が一変。花の勉強を始め、3年後には地元に戻って自分の店を開いた。「花は自分を表現するものの一つで、たくさんの笑顔を見せてくれるもの」と花への思いを語る。

元気のなくなったボックスの花があれば、好きな花を挿し色にして全く違う組み合わせを楽しむのも一つという。

Rust

ラスト／浜松市

グリーンの特性を生かした立体アレンジ

#07

バンクシアやリューカデンドロンを中心にソリダコ、ヒペリカム、ユーカリグロボラスなどを組み合わせ高さと立体感を出した

繊維工場をリノベーションしたトタン張りの建物。「living with plants（植物と暮らす）」をコンセプトに種類豊富な観葉植物が並ぶ「Rust」は、ガーデングッズやインテリア雑貨、遠州織物も販売している。2010年に愛知県豊橋市にある「garage」の2号店としてオープンした。

こだわりをもって植物を育てている生産者をオーナー自ら訪ね、沖縄から観葉植物、香川県からオリーブの木などを取り寄せている。

スタッフの川越永美子さんは、「同系色でまとめること。高低差や育つ方向が違う植物の特性を生かすと立体的な花束になります」とアレンジのヒントを教えてくれた。

花とみどりと茶色い犬

はなとみどりとちゃいろいいぬ
静岡市

まるで生花みたいなドライフラワー

野に咲く花を摘んできたようなラウンド型ブーケ。ミナヅキというアジサイを中心にルリタマアザミ、ワレモコウ、ハイブリッドスターチスを組み合わせて、かわいい女性をイメージ。まるで生花のような色の美しさから、最近ではドライフラワーのウェディングブーケも人気が広がっているという

緑豊かな静岡市城北公園の向かいにある「花とみどりと茶色い犬」。その名の通り、柴犬のコワタちゃんが出迎えてくれる。一見するとドライフラワー専門店みたいだが、「これは生花の副産物なんですよ」と店主の星野美佳さん。

花屋になることを夢見て、高校卒業後アメリカに渡り、フラワーデザインを学んだ。帰国後、自宅を拠点にホテルのフラワーコーディネートやワークショップを開いていたが、2016年に店をオープン。「お店を持ったことで幅が広がりました。花を見ながらアレンジの相談をされる方もいるし、ふと立ち寄ってくださる方もいます。私がおすすめするドライフラワーは、アカシアミモザやユーカリなどの庭木。麻ひもで縛ってつるすだけでもおしゃれです。生花をドライにする時は、花が咲き切る前に密集させず、風通しの良いところにつるすときれいに仕上がりますよ」と笑顔で語ってくれた。

#08

HAPPY BOTANICAL ITEM

いつもの暮らしに花が咲く

ボタニカルアイテム

編集部厳選！心と体に優しい、一押しのグッズやスイーツを紹介

文／タビタビ編集部
写真／宮内誠理（p71-75）

ZAKKA
生活雑貨

飾って、使って、暮らしのお役立ちアイテム

いつまでも永遠に咲く花

A.
Atelier Glacage のハーバリウム
各 2500 円／ Flower & Leaf log（静岡市）

世界にただ一つの麻小物

B.
ハンドメイド麻かご
（左）2160 円 （右）3180 円／ Kuru・Kuru（島田市）

A. 静岡市内で教室も開いている Atelier Glacage のハーバリウムは、花の色や姿が美しく維持された植物標本。静岡では珍しい韓国産の多肉植物などを取り扱い、生活に気軽に取り入れられるインテリアプランツを提案する花屋 log で委託販売中。 **B.** 店名の通り、麻ひもをクルクル巻いて作る麻小物。さりげないがよく見るとユニークなこの形は、作家・小柳津麻代さんオリジナルの作り方。どんな暮らしにも自然と溶け込み、温もりを与えてくれる。形や色が微妙に異なるので、お気に入りの一品を探すのも楽しい。

※情報は 2018 年 1 月末時点のものです。
取扱商品および価格等は変わる場合があります（価格は税込表記）。

ボタニカルアイテムの定番！

C.
ROSY RINGS のボタニカルキャンドル

(左) 5400円(右) 8100円／ QUATRE SAISONS ca(静岡市)

豊かな食卓を生み出す木皿

D.
ウッドプレート

S 3800円（2枚セット）、M 5400円、L 8500円
／ O'KEEFFE FURNITURE（藤枝市）

デスク周りを パッと明るく！

E.
佐々木愛 クレマチスの丘クリアファイル

350円／ NOHARA BOOKS（長泉町）

C. アメリカの小さな地下室で生まれたボタニカルキャンドル。今もハンドメイドにこだわり、大量生産では生み出せない品質と香りを追求している。ハイセンスなインテリアショップ QUATRE SAISONS ca は、静岡では数少ない ROSY RINGS 正規取扱店。　D. 藤枝市岡部町で古民家を再生し、家具や木製品を製造する O'KEEFFE FURNITURE。“当たり前の日常をもっと豊かに”という思いを込め、「どんな料理にも映えるように」とラインにこだわったハンドメイドの木皿は、一枚置くだけで温かみのある食卓に。　E. クレマチスの丘にある NOHARA BOOKS では、美術や文化に関連した書籍やグッズを取り扱う。ヴァンジ彫刻庭園美術館の開館15周年記念展に参加した美術作家・佐々木愛さんのファイルは NOHARA BOOKS オリジナル。クレマチスの丘をイメージして描かれている。

F. 河津バガテル公園監修。いつも頑張っている女性のために開発されたワンランク上の入浴剤。リラックスローズのリッチな香りが優雅なバスタイムを演出してくれる。炭酸・酵素・発酵パワーでうるつや美肌に。パッケージには入園料100円引きの特典付き。 G.「いいものを、選んで、生きよう。」をコンセプトに、地元遠州地域の良いモノ、面白いコトを発信しているHARUICHI STYLEで取り扱っているコースター。杉の木目を活かした繊細なデザインは、浜松市出身の作家・小粥千寿さんが手掛けたもの。 H. いい香りがしてきそうなオリジナルの万年筆インク。BUNGUBOXでは静岡にゆかりあるものや、自然を感じるインクを数多くプロデュースしている。相手や文面によってインクの色を変えて、静岡の色で大切な人に手紙を書いてみませんか？ I. 富士市出身、cabsoapの主宰・小林さんが作る石けんは、植物性オイルやハーブを使用し、1カ月かけてじっくり熟成させるため、市販品にはない優しい使い心地が特長。この富士山シリーズは、富士山の湧き水や静岡の素材にこだわり、出品して即完売となるほどの大人気商品。

リラックス＆美肌効果抜群！

F.
Jardin de bagatelle BATH POWDER
40g　各200円／河津バガテル公園（河津町）

杉の香りに癒やされて…

G.
東北杉の和柄コースター
各700円／HARUICHI STYLE（浜松市）

色で伝える思い

つゆひかり　浜名湖のフレッシュみかん

H.
オリジナルボトルインク
50ml　各3240円／BUNGUBOX（浜松市）

“石けんマニア”も必携！

I.
富士山石けん
各600円／cabsoap
※クラフトイベントやCreemaにて出品

静岡の地酒

御殿場産コシヒカリの米ぬか　長坂養蜂場の三ヶ日みかん蜂蜜　静岡産イチゴ

江戸時代からの手工芸を現代風に

A.
つまみ細工

(上) かんざし 7800円
(下) マジェステ 4200円
／あぼかぼ（牧之原市）

FASHION
ファッション

**気分もルンルン♪
今すぐどこかへ
出掛けたい！**

七宝焼の新しい世界へ

B.
ブローチ

6480円〜／itself
※オンラインストアなどで購入可

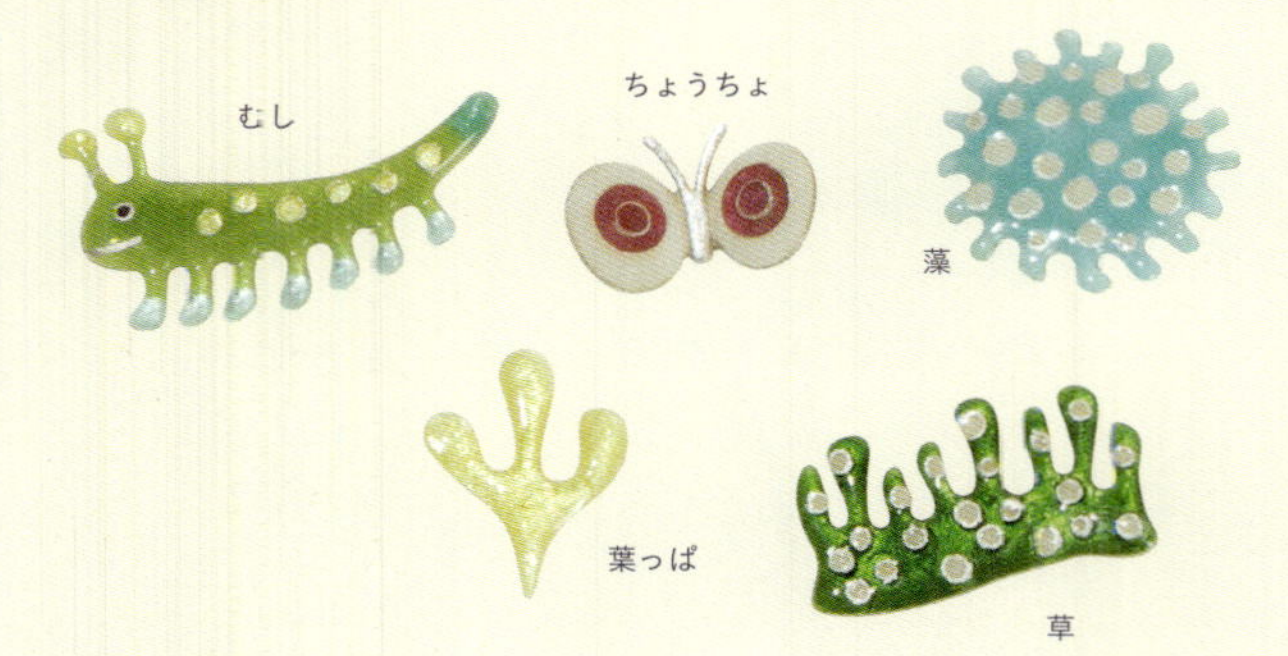

A. 繊細で華やかなつまみ細工。あぼかぼの河原崎加代子さんの作品は普段使いできるカジュアルなデザインで、和洋問わず自分なりのおしゃれができる。ブローチを帽子やジャケットに着けるおしゃれ男子もいるほど、老若男女問わず人気。　B. 千葉県在住のジュエリー作家・トウゲイツコさんが手掛ける七宝焼のブローチ。ユニークなモチーフや脱力感のあるデザインで、伝統工芸である七宝焼のイメージを変える独特の世界観が広がる。他にもちょっぴりシュールな猫のブローチやネックレスなども。HPで要チェック。

C. 島田市出身、パリを拠点に活動する調香師の新間美也さん。自然の美しさをテーマにした香水は、心に残る“あの時の、あの香り”を感じることができる。シンプルなボトルで日本らしさを感じるラベルには品があり、海外でも広く愛されている。 D. ボタニカル・ダイという特殊な技法で染められたストール。テンセルとコットンによるぜいたくな生地をたっぷりと使い、通常の20～30倍以上の時間を要するシャトル織機で織り上げることで、うっとりするほど滑らかで軽やかな肌触りが味わえる。 E. 春にはタンポポを、夏には涼しげな雪の花を。牧之原市在住の作家・中嶋志保さんの自然や植物をモチーフにした繊細で色鮮やかなガラスのアクセサリー。県内各地のクラフトイベントやオンラインストアで購入できる。季節のアクセサリーを探しに行こう。

自然の美しさと思い出を香りに託して

C.
パルファン

55ml 各19440円／Miya Shinma
※伊勢丹・高島屋オンラインストアなどで購入可

植物が持つ約200の色素で染め上げる

サクラ
クチナシ

D.
遠州織物のボタニカルストール

各11340円
／HUIS ーハウスー（浜松市）

ガラスの中に咲く 色鮮やかな花々

E.
glass フラワーペンダント

（左）6500円 （右）6000円／nico glass and yarn
※クラフトイベントやCreemaにて出品

セレクトショップ・専門店のオーナーに聞きました！

静岡市に店を構えるセレクトショップや専門店。
感度の高い目利きオーナーやその道のプロから、
タビタビ読者におすすめのボタニカルアイテムを紹介していただきました。

時間と過ごす、時間を味わう

「Timeless Gallery & Store」は、ヴィンテージものやスタンダードな生活雑貨、デザイナーの新作など、日常にあるさまざまなカタチの“時”を集めて紹介するセレクトショップ。店長の西田さんは、お部屋にインテリア小物を取り入れるコツを「部屋の中だけで無理をせず、窓の外の風景も借景と捉えて大らかに楽しむこと」と話す。

Timeless Gallery＆Store
店長
西田悠真さん

西田さんのおすすめ

「おしばなし文庫」は子どもの乳歯やへその緒など、さまざまな成長の証をしまうメモリアルボックス。静岡の木工ブランド「moqmo（モクモ）」の商品で、押し花のように「いろいろな思い出話を本に挟んで大切にとっておく」というところからこの名前がついた。出産のお祝いに。

「moqmo」のおしばなし文庫
全7種 3780円〜

海外のレストランで見かけた空きビール瓶に挿した花。その何気ない景色がすてきだったことから発想を得た木製の一輪挿し。森の循環と容器のリサイクルの考えを重ね、実物大にデザインされた瓶と缶は国産材を使い静岡のひきもの職人が制作。ドライフラワーを飾っても。

「knot」の Base（一輪挿し）
bottle 6588円、can 5616円

作り手の心をお客様へ

江戸中期に創業、明治時代には静岡市の七間町札ノ辻にて荒物雑貨店として営業していた歴史ある三保原屋。1982年、静岡の暮らしを彩る雑貨店としてLOFTが誕生。LOFTをプロデュースする堀さんは、ブランドにはとらわれず、作家の手仕事を感じられるもの、長くお付き合いできるものを選んでいるという。

三保原屋 LOFT
オーナー
堀 佳千世さん

岐阜県飛騨市で作陶する「MACARON」の沖澤真紀子さんの陶器は、マカロンのような色合いと自然をモチーフにした温かみのある作風。“なくてもいいけどあるとなんだか幸せな気持ちになれるもの”という作家の願い通り、食卓に優しい空気が漂いそうなお皿たちだ。

「MACARON」の陶器
平皿 6048円など

ボタニカルらしい華やかさといえば、「マリメッコ」のUnikkoシリーズ。ケシの花をモチーフにしたこのシリーズは、1964年の発表以来、世界中で愛され続けているロングセラーだ。落ち着いた和風の空間にも馴染みが良く、洗練された色合いとデザインでお部屋がトーンアップ。

「マリメッコ」Unikkoシリーズの
生活雑貨 マグカップ 2700円など

紙屋ますたけ

店主
山口 都さん

普段使いで伝わる紙の美しさ

千代紙からふすまや障子紙まで幅広く取り扱う「紙屋ますたけ」。店主の山口さんは、産地や銘柄ではなく、専門店として扱える紙を見極めてきた。色柄、品質の全てに妥協しない。「良いものは貼るだけ折るだけで、ため息が出てくる。常連さんも紙一枚の魅力をずっと愛してくださる。だから、飾るのでなく普段使いで」と勧める。

山口さんのおすすめ

素朴な花模様が型染によって、端正な意匠となる。紙の強さと柔らかさ、美しい折り線が調和したブックカバーは、文庫本のページをめくるたび自然に寄り添う。「何の花かは、使う人の想像でいいのですよ」と山口さん。著者別やシリーズごとに変えてみてはどうだろう。

型染のブックカバー（文庫本サイズ）
各 2600 円（税別）

日本の草木や花々がかわいらしい柄で表現された千代紙。友禅、京染、型染などを必要な大きさから買えるのがうれしい。ポチ袋やノートのカバーを作ったり、小さな一辺の千代紙をアクセントにあしらったり。どの一枚にしようかと迷うのも楽しいひとときだ。

千代紙　1枚　220 円（税別）～

unspoken emotions

オーナー
野村かのうさん

言葉がなくても伝わる感動

静岡市中心街の一角にある「unspoken emotions」。扉を開ければ、ヨーロッパの片隅に迷い込んだ錯覚に。インテリア、雑貨、アクセサリー、その一つ一つにオーナーの野村さんの審美眼が感じられる。「機能性や快適さとは違った楽しさを見つけてもらえたら」。語らずともその良さが伝わってくる、使ってみたくなるものに出合えそう。

野村さんのおすすめ

鮮やかな花模様が異国情緒にあふれ、地中海の陽の光が目に浮かぶよう。チュニジア産の陶製タイルは、職人が一つ一つ手描き。一辺が 10 センチほどの正方形だが、存在感は十分。鍋や花瓶を置いたり、家具やインテリアのアクセントに。一枚立て掛けるだけでも空間が華やぐ。

チュニジア産の陶製タイル　540 円～

刺繍の本場、フランスから輸入するアンティークは一点もの。古くは 1920 年代のハンカチも。愛らしい草花が連続するライン、繊細な縫い目。職人の程よい力加減が伝わってくる。淡い水色のテーブルクロスを広げれば、落ち着いた空間に。手を止めて、お茶の時間を楽しみたくなる。

フランス刺繍　1296 円～

A.
蜂蜜

(左) 下田の花々 185g
(右) ナッツの蜂蜜漬け 175g
各1242円/高橋養蜂(下田市)
※ TEL・メールなどで購入可

B.
クレマチスの丘 オリジナル和三盆

756円/NOHARA BOOKS(長泉町)

C.
アイシングクッキー

270円~/You Me & Cookies Bikini(静岡市)

D.
バラのマドレーヌ

227円~/L'angela(富士市)

E.
生ふるーつ餅

173円~
/桔梗屋本店(静岡市)

F.
ケーキ

350円~/konohana(静岡市)

SWEETS

スイーツ

かわいい!おいしい!
絶品、幸せスイーツ

A. 高橋養蜂周辺に群生するカラスザンショウの花やミカンなど、下田の花々から採蜜した花とミツバチからの贈り物。キリッとした清涼感とスパイシーさが特長の大人の蜂蜜。ナッツはワインのお供に。 **B.** クレマチスの丘に咲く花、葉に滴る雫、自然をモチーフにした色鮮やかなオリジナル和三盆。思い出とともに、優しい甘さが口に広がる。パッケージの絵は美術作家・佐々木愛さんによるもの。 **C.** 食べるのがもったいないほどかわいい。毎日のおやつにしたい定番から、贈り物にしたい季節限定品まで種類豊富。レモンジュースを使ったアイシングクリームでさっくり甘酸っぱい仕上がりに。 **D.** 富士市の花であるバラをかたどった美しいマドレーヌは女性の心をわしづかみ。常時12種類あるうちの6種類を花束にした「プリンセスブーケ」(1944円)は、大切な人への贈り物に。 **E.** 創業90余年、老舗和菓子店の人気商品。くず粉とわらび粉、白あんで作る特製の餅生地に包むのは、その時季旬の生のフルーツ。定番のパイナップルやキウイの他、年間約20種類もの味が楽しめる。 **F.** 素朴で優しい味わいの定番ショートケーキ(右)やオレンジ風味のしっとりチーズスフレ(左)の他、季節に合わせたスイーツが並び、来るたびに新しい味に出合える。お花型などの焼き菓子もおすすめ。

鈴木真弓

街中に鎮守の森がある贅沢

谷津山

静岡市の東の端にあたる谷津山。街中から少し外れたところにぽっこりとある丘のような山は、長い時の流れの中で、人びとを見守ってきた。

皆さんは「鎮守の森」と聞くと、どんなイメージを持たれるだろうか。唱歌〈村の鎮守の神様の今日はめでたい御祭日　ドンドンヒャララドンヒャララ♪〉にあるような山里の情景が浮かんできそうだが、今、私が暮らしている静岡市の街中にも「鎮守の森」と呼びたい場所がある。谷津山だ。

近くの小学校に通っていた私にとっては、遠足や持久走の思い出がつまったなじみの山。山頂には谷津山古墳があり、周辺に寺社や霊園が点在することから、鎮守の森というイメージが無理なく重なる。小学生時代は「周りがお墓だらけで怖い」と言う同級生もいた。標高108メートル、東西に約2キロの、山というより小さな丘で、登り口は10カ所以上あり、今はピクニック広場や展望台も整備され、誰でも気軽に歩ける。

谷津山

一般に、鎮守の森は寺社の社叢とみなされる。静岡県発行の『静岡県鎮守の森ガイドブック』にも谷津山ではなく静岡縣護國神社がクレジットされている。

護國神社は昭和17年（1942）にこの地に建てられ、社叢は県内全域から寄進された樹木で造成された人工林であると書かれている。…なんとなく鎮守の森との違和感を覚え、社務所を訪ねたら、神社が移転してくる前から自生する樹齢200年程のモチノキが1本だけ残っていると聞き、特別に見せていただいた。本殿の裏山、社の中心線に向き合うように高さ20メートル、太さ50センチほどの白っぽい木が、権禰宜さんに示していただかなければ分からないほどひっそり佇んでいた。この1本のモチノキから、谷津山に対するイメージの更新が始まった。

静岡縣護國神社

谷津山はかつて島だった！

県庁別館や葵タワーなど静岡市中心部の高層ビルから南東を見下ろすと、谷津山、八幡山、有東山がポコポコと離れ小島のように並んでいるのが分かる。それも道理で、先史時代、これらは駿河湾に浮かんでいた島だった。静岡平野は海の中。入江の周りに竜爪山や真富士山といった山々がそびえていた。やがて安倍

たまねぎ石

川の急流が膨大な土砂を運んで平野を埋め立て、谷津山は陸上に孤立したのである。

谷津山の地質は硬い砂岩と泥岩が重なり合う。約700万年前、それらが風化してできたオニオン・ストラクチャー（タマネギ状の丸い石）が今も残る。東尾根の愛宕岩の森の「たまねぎ石」は手で触れる高さにあって、こんな身近でジオ体験できるなんて！と感激した。

こうして今の姿となった谷津山は、温暖な気候により、多様な植物を育んだ。常緑広葉樹が森を作り、その森には多様なシダ植物やコケ植物が見られる。一方で、お茶やミカンを栽培する農地として人々の生活を支えてきた。人と自然が共存する谷津山は、里山の豊かな生態系を生み育てる場となった。

静岡植物研究会が平成4年（1992）から1年間かけて調査したところ、谷津山には顕花植物419種、隠花植物44種が確認されている。しかもその多くが人の手が加わった草地や、森林と草地の境界にある林縁で確認されているという。

人間は森のそばに村をつくり、田畑を切り拓いた。枯渇することのない森の水に守られて命を紡いでいったのだ。人が切り拓いた場所に豊かな植物相が確認できたということは、森に守られた全ての生命が分をわきまえ、折り合いをつけ、共存共栄してきた証拠。人智が及ばない大自然の森と比べ、豊かさの質は違うかもしれないが、こういう森が市街地に現存するというのは奇跡に近いと思う。

東京タワーの兄弟、2本のラジオ電波塔

人智が加わった象徴が、あの鉄塔である。谷津山古墳の真上というなんとも罰当たり？な場所に建っている。

谷津山古墳の正式名称は柚木山神古墳。天保年間に曲金村の産土神の祠があり、祠の周辺で古鏡を発見した村人が家に持ち帰ったところ祟りに遭い、祈祷師に頼んで元に戻したという。その後、村でお神酒を上げて掘り返したところ、剣、鉾、鏃（やじり）等が数多く出土。へぎ石で石垣を作って保存した。（静岡市史より）

明治14年（1881）、明治政府の調査が入り、古墳の原形はとどめていなかったものの、全長110メートルの前方後円墳で、埋蔵品の数や種類からして4世紀ごろのイホハラノクニ国王クラスの墳墓と判明。埋蔵品の一部は東京国立博物館に所蔵された。

昭和6年（1931）、柚木（現在の東海大学短期大学部）の場所にNHK静岡放送局が開局し、谷津山山頂に2本のラジオ電波塔が建てられた。塔の高さは60メートル。設計したのは、後に東京タワー、名古屋テレビ塔、2代目大阪通天閣、さっぽろテレビ塔等を手掛けた早稲田大学教授の内藤多仲博士である。

博士は日本で初めて耐震構造学を確立したパイオニア。大正14年（1925）、東京の愛宕山に建てられたNHKのラジオ電波塔第1号（高さ45メートル）を皮切りに、昭和8年（1933）までに満州・新京を含む全国26カ所約30基のラジオ電波塔の構造設計を担当した。東京の愛宕山は標高わずか25.7メートルという低山だが、標高108メートルの谷津山山頂に、当時の技術で60メートルの鉄塔を建てるのは容易ではなかっただろう。

谷津山古墳

谷津山の翌年に建設された大阪千里放送所のラジオ電波塔は高さ100メートル。関西地方を襲った最大風速60メートルの室戸台風にもビクともしなかったという。谷津山での実績が、東京タワーまで連なる日 ↙

本の高塔建造物の設計技術に活かされたと想像すると、罰当たりどころか、墳墓の主の霊力が鉄塔の筋交1本1本に憑依したとも思える。

パソコンのない時代、内藤博士は恩師から贈られた14センチの竹製の計算尺を肌身離さず持ち歩いていた。晩年、書斎でももっぱら計算尺を使って構造計算していたという。博士が設計したラジオ電波塔30数基のうち、現存しているのはこの谷津山の2基だけである。設計を学ぶ者にとって聖地になりはしないだろうか。

駿河の俳句結社 ゆかりの歌碑を発見!

谷津山は、かつては八津山と表記されていた。清水山、柚木山、正木山、愛宕山、長沼山、観音山とも呼ばれ、明治以降に南麓・柚木谷津村の「谷津」を取って統一名にしたという。

西麓には永禄2年(1559)創建の真言宗清水寺がある。静岡市民にとっては7月9日の「きよみずさんの花火」でおなじみ。今川時代から続く観音大祭に合わせ、地元瓦場町の渥美一族が御献灯として徳川家康に奉納したのが始まりといわれる。瓦場には家康が駿府城再築のため渥美半島から招いた三州瓦職人が多く住んでいた。

清水寺境内には家康が建立した観音堂と、国有形文化財指定の鐘楼がある。3代家光が上洛の途中、駿府に立ち寄って浅間神社造営費を下賜。その余剰金で駿府の〈時の鐘〉を鋳造し、当初は両替町に置かれたが、度重なる火災で明治期には市役所構内で保存。明治末期に清水寺の檀家と住職が無償で譲り受けたものだ。

境内にはいたるところに歌碑が置かれている。

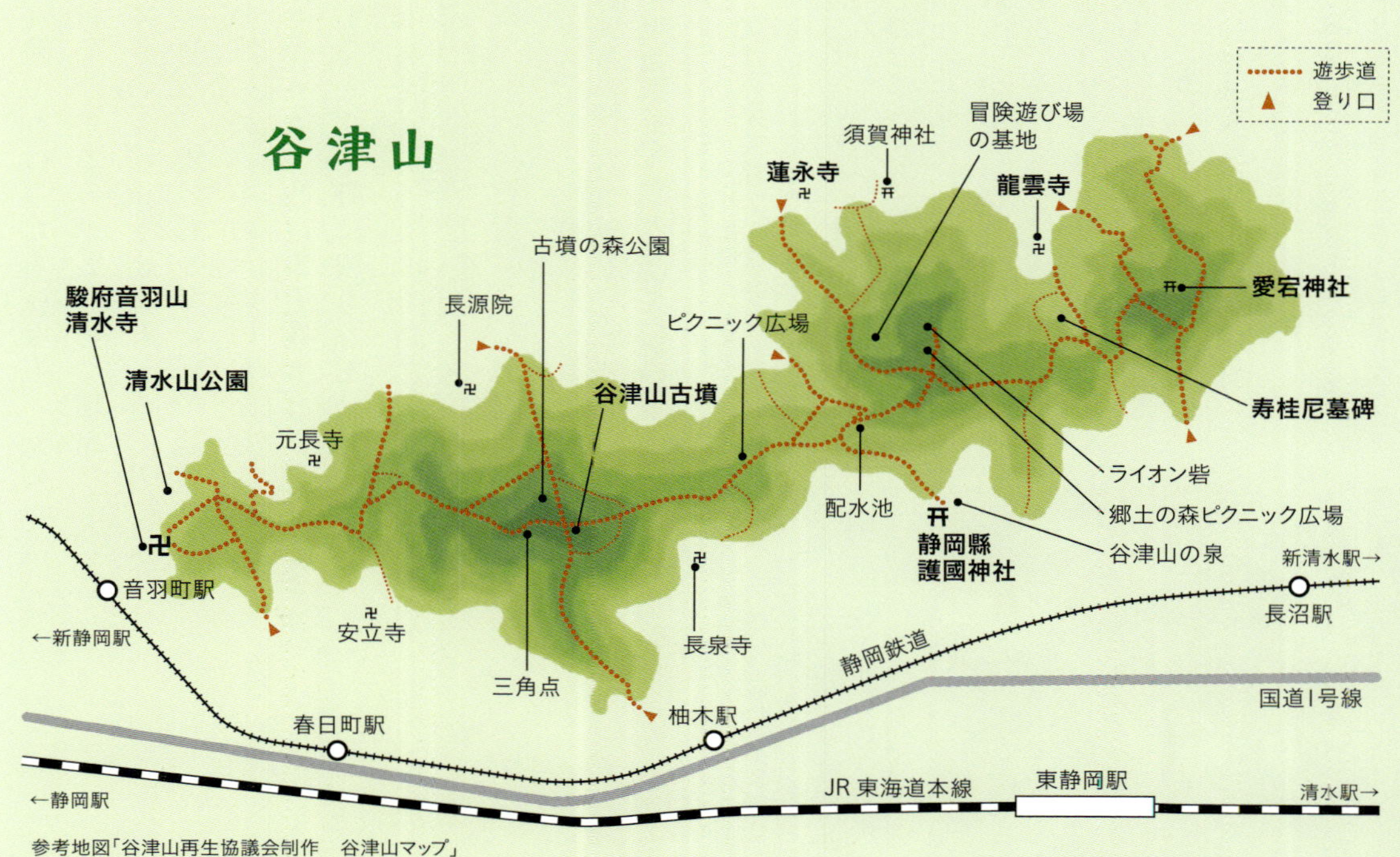

松尾芭蕉『駿河路や　はなたちばなも　茶のにほひ』
山村月巣『明月や　こころひとつの　置所』
小林文母『花すりの　端山を出たり　春の月』
松井菅雅『寝時分の　無いものならば　夏の月』
高津詩三『雪の旅　杖一本の　いのちかな』
岡村拙叟『みじかくも　夜はひと夜なり　ほととぎす』
山口椎陰『さむるとき　野に何もなし　秋の蝶』
松島十湖『のばすとも　手足は出すな　かやの外』

芭蕉の句碑

これらは清水寺の阿闍梨通覧が駿河の俳句結社・時雨窓の初代山村月巣に師事していたことに由来する。月巣は山形寒河江の出身で医師を志して江戸に出るも俳諧に魅了され、駿府研屋町に庵を構え、多くの門人を育てたという。

芭蕉以外はなじみのない歌人たちだが、歌碑に刻まれた歌はどれも優しく染み入ってきた。俳句を学ぶ者にとって、ここも一つの聖地にならないだろうか。

清水山公園は静岡県で最初にできた

清水寺に隣接する清水山公園は、静岡県初の公営公園として明治42年（1909）造営された。県は公園第1号として静岡浅間神社境内を〈静岡公園〉として指定したものの、神聖な場所が汚されるという苦情が寄せられ、取りやめになったそうだ。

清水山公園は伝馬町の漆器問屋・中村嘉十が資金を集めて山腹を平地化し、大正6年（1917）には静岡茶の輸出に貢献した茶業組合中央会議所会頭・大谷嘉兵衛の尽力で現在の形となった。

清水山公園入口

実は茶業関係者が大谷翁の銅像を建てようと山頂を掘り起こした際、清水山古墳が出土。柚木山神古墳より少し後の家族墓と見られ、出土品は東京国立博物館に納められた。大谷翁は「墳墓の上に個人像を建てるのは畏れ多い」と山頂の整備費3000円を市に寄付し、山下の土地を私費で購入、公園整備に充てたという。公園内に設置された大谷像は戦時中、供出の憂き目に遭ったが、戦後再建された。

清水山古墳の場所には大谷翁が松方正義に書を依頼した「護山碑」↙

清水山古墳の護山碑

大谷嘉兵衛の像

を建立。松方は内閣総理大臣を二度務め、日本銀行を創設した大物政治家。篆題家としても知られた人物である。

昭和6年建造の鉄塔からは、ラジオ体操が放送され、公園は体操にいそしむ老若男女に親しまれた。公園の一角には昭和8年に建てられたJOPK（NHK静岡放送局）のラジオ塔がある。当時高額だったラジオ受信機の普及を目的に設置された街頭ラジオで、昭和5年（1930）から18年（1943）まで全国450カ所以上に設置された。静岡県内ではここ清水山公園が唯一。野球の早慶戦や大相撲中継、戦時中は当然、戦況を伝えるニュースや終戦の玉音放送も流された。

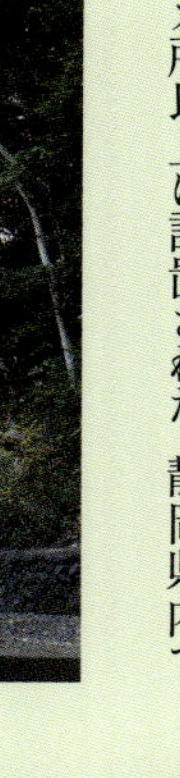

清水寺観音堂

戦後、各家庭にラジオやテレビが普及して役目を終え、現存しているラジオ塔は全国で20基ほど。日本の放送史を学ぶ者にとっては、ここも聖地の一つといえよう。

地域コミュニティーにおける災害メディアとしてのラジオが再評価される今、記念碑扱いのままではもったいないという気もする。

愛宕砦の森

歴史散歩にぴったりの 谷津山東麓

谷津山東麓には愛宕神社、龍雲寺、蓮永寺という歴史スポットが点在する。

愛宕神社がある場所は、鎌倉時代に有力御家人長沼五郎宗政が砦を築き、今川家4代範政が駿府館を構えた室町期、賤機山城・八幡山城・持舟城・丸子城とともに駿府の守りとして山城を築いた。

天正12年（1584）、本拠地を浜松城から駿府城へ移した徳川家康は、駿府の鬼門除けとして京都嵯峨野の愛宕神社を勧請した。「秘境　愛宕山」という石碑が建つ参道の石段を登ると、三ツ鳥居（三輪鳥居）に出くわす。中央の明神鳥居を挟んで両脇に小さな鳥居が2つ。奈良大神神社に代表される珍しい形状だが、ここでお目にかかれるとは思わなかった。

さらに石段を上った先には「鬼の鐙―修験道では、鬼が一夜で石の坂道を造ったという伝承がある」と書かれた板。ここは山岳修行者が身を削った神仏習合の地でもあった。

愛宕砦の森といわれる一帯は常緑広葉樹林が広がり、愛宕山城の三の曲輪があった場所には「大頭龍神社」「愛宕山太郎坊」という小さな祠もある。太郎坊とは京の愛宕山に棲む大天狗のこと。樹林帯を飛び跳ねる天狗を妄想しながら、奥に鎮座する愛宕神社本殿を拝した。本殿は平成11年（1999）に不審火によって焼失し、再建されたものだ。

龍雲寺、蓮永寺とも駿府の鬼門除けとして建立された。龍雲寺の開基は今川氏親の妻で、氏輝・義元・氏真の今川3代を支えた寿桂尼。その墓は龍雲寺墓地の最も奥まった山

愛宕神社の三ツ鳥居

左／龍雲寺　寿桂尼の墓　中／蓮永寺　勝信子とお順の墓
右／蓮永寺　お万の方宝篋印塔

麓にひっそり佇む。

蓮永寺は家康の側室お万の方が元和元年（1615）に創建した。お万は紀州藩主頼宣と水戸藩主頼房の生母で、かの水戸光圀の祖母。紀州頼宣のもとで77歳の生涯を閉じたが、生前、蓮永寺境内に高さ4メートル超の宝篋印塔を建てている。

明治維新後、徳川慶喜とともに駿府へ移住した旧幕臣が眠る士族墓もある。その中には勝海舟の母信子と、海舟の妹で佐久間象山に嫁いだお順の墓がある。

順に墓参してみると、家名に翻弄された女性たちの境遇がしのばれる。駿府城から見たら鬼門だけれど、谷津山麓を終の棲家にするというのは不幸な選択ではないですよ、と声を掛けたくなる。

静かに佇むモチノキに、静岡の聖地をみる

静岡縣護國神社に戻ろう。前述の通り、この地に造営されたのは太平洋戦争中である。前身は明治32年（1899）に静岡市北番町に創設された静岡県共祭招魂社。招魂社とは幕末のペリー来航以来、国事に尽くして殉難した者を慰霊するため、旧藩主や縁故地の市民が祀ったのが起源だ。幕末、京都八坂神社境内に最初の招魂社が建てられ、東京遷都後、大村益次郎らの建議によって九段坂上に招魂社が造営された。今の靖国神社である。その後、招魂社は全国に広がり、静岡でも伊豆・駿河・遠江3地区共祭の招魂社が建てられた。

昭和14年（1939）には護國神社制度が発足。「やすくに」に対応するため「もりくに」と訓読みする意見も出たそうだが、最終的には「ごこく」で統一され、静岡共祭招魂社も静岡縣護國神社と改称。この年、手狭になった北番町から柚木への移転も決まった。

神社史にある社殿配置計画には『社殿の場所は山地と平地（田）の接点に置き、前方はすべて一段低く平地とする。（中略）林苑はすべて植林とする。県下より献木した常緑樹、落葉樹を適宜配して植え込む。第一鳥居から参拝広場までは参道として植え込みを密にし、叢蒼とした部分を造り、参拝広場に出て明るい部分になり、社背林と神殿を仰ぐように』とある。

谷津山再生協議会の自然観察会

社叢は県民から献上された常緑広葉樹約1万7千本で構成され、伊豆のウバメガシや遠州のイヌマキ等、地域を代表する樹木も植栽された。もともと水を湛えた地ゆえ、盛土林植が必須だったのだ。

護國神社には現在、太平洋戦争までの戦没者7万6千余柱が祀られている。日中戦争で戦死した私の祖父も含まる。本社殿の真裏という場所でぽつんと生き永らえたモチノキは、谷津山からの贈り物。招魂の地にふさわしい御神木である。

上／谷津山に登ると、晴れていれば富士山が見えることがある。手前の山々の紅葉や桜も楽しめる　右／護國神社御神木のモチノキは樹齢約200年。この木だけ、植林ではなく元々この地にあったという

谷津山をグルっと一周し、先史時代から20世紀の戦争の時代まで、途方もない時の流れをこの山は全て包容していると実感した。人と自然の織りなす景観にして聖地と呼びたくなるような場所がいくつも混在している。鎮守の森を研究する上田篤氏が「遥拝所の機能を持つ」と定義するように、木立から漏れる光や、樹林帯を抜けて目の前が開けたときの解放感には神々しさがあり、日本一の聖地ともいうべき富士山が真正面に見えたときは思わず声を上げた。このような山が街のど真ん中にある贅沢を、私たち市民はもっと誇りにしたい。

残念なのは放置竹林の問題である。寛容なこの山は、竹林の暴走を黙って受け入れてしまっている。谷津山再生協議会等のボランティア団体が懸命に対処しているが、一人でも多くの市民がこの山の存在意義を見直さなければ、それこそ真の罰当たりに遭うのではないだろうか。

〈参考文献〉

谷津山を想う／谷津山再生協議会編

谷津山―その周辺の町村と史蹟をたずねて―／山内政三著

谷津山～史蹟探訪とハイキング／田中省三著

谷津山周辺の研究／静岡市立東中学校郷土研究部

静岡縣護国神社史／二橋正彦編

駿府清水寺―境内の堂塔と句碑をたずねて―／山内政三著

谷津山古墳と賎機山古墳／若林淳之著

やつやまものがたり／たたらなおき著

静岡市史／静岡市市史編纂課

語り継ぎたい静岡ばなし／天野進吾著

静岡県鎮守の森ガイドブック／静岡県環境局

探究鎮守の森～社叢学への招待／上田正昭編

鎮守の森の物語―もうひとつの都市の緑／上田篤著

BIOSTORY Vol.7「自然との交感」／生き物文化誌学会

タワー～内藤多仲と三塔物語／橋爪紳也・田中彌壽雄・内藤多四郎共著

ニッポン発明物語／上山明博著

国立民族学博物館・月刊みんぱく第35巻5号

「ラヂオ塔」を訪ね歩く／吉井正彦

〈取材協力〉

石井秀和氏（谷津山再生協議会）

静岡縣護國神社

鈴木真弓

ライター。静岡市清水区出身、葵区在住。地域産業、歴史、食文化等をフィールドに執筆活動中。著書『杯が満ちるまで～しずおか地酒手習帳』『地酒をもう一杯』『静岡県花とご利益の寺社巡り』ほか。

Tabitabi Column
緯度を超えて 3

自転車生活のお裾分け。

地元のサイクリスト仲間と、北海道十勝への自転車旅を恒例にしている。初めて十勝のサイクリストにガイドしてもらった旅で皆が驚いたのは、75km 信号なしの道程、数キロ先を見通せる直進性、圧倒的な広さの農地、そして十勝食材の美味しさだった。

サイクルツーリズムに重要なのは「面白いみち」「美しい風景」「美味しい食」という3要素だ。静岡とは大きく異なる要素を持ったゲレンデが十勝にはあった。

静岡へ、札幌や十勝のサイクリストを本格的に迎えるようになって5年。彼らは、丘の斜面・台地の上・山腹の集落などあまりにも変化に富んだ風景の中に茶畑があることに驚き、茶畑を縫って伸びる農道こそ静岡独特の自転車道だと語り、お茶ってこんなに美味しいものだったのねと唸った。

わさび田の源流から鮎踊る中流、正面に富士山を見る下流から駿河湾へ、と水のドラマを僅かな距離で体感できる伊豆の狩野川。複雑な入江の水際ギリギリを走らせ、脇道を登った畑でみかんを頬張り、自転車とともに船に乗れる浜名湖。われわれの日常のシチュエーションが、北の大地にはない。

他地域のサイクリストとの交流を深めていくと、訪れた側から地域の魅力を再認識させられる。見慣れた風景は、自転車に乗って少しだけ立ち止まり、余分な道を進み、視点を変えるだけで実に新鮮に映る。自転車が持つ絶妙な速度感と機能性は、地域資源に新たな価値をもたらしてくれる。

自転車ブームが続いている。サイクリストを迎えようと躍起になって、イベントやレースを誘致したり、サービスやシステムを整備する自治体が数多く現れた。しかし、大切なことを忘れていないか。訪れるサイクリストは、その地域の人びとの「自転車を愉しむ生活」を体験したいのである。私たちが普段使いする「みち・風景・食」を顕在化した、ローカル・サイクリングライフのお裾分けが求められている。

掛川市上内田の茶畑。ゆるゆる地形の中、向きの違った畝の合間に軽トラック一台幅の農道が縫う。これが自転車にとって面白いみち

浜松市北区三ヶ日町大崎の浜名湖畔。チャプチャプという波打ち音を聞きながら、ここまで水際を走ることができるのは日本でも希少

text
佐藤雄一 さとうゆういち
コンセプト株式会社 代表取締役

商品・商環境・デザイン・建築・地域・観光のプロデューサー。地域間交流によるフード（食）の交換、ツーリズム（観光）の交歓、ライフスタイル（生活）の交感を目指した合同会社互産互生機構を北海道と静岡県のメンバーで設立。静岡県サイクルツーリズム協議会の事務局長も務める。

photo
鈴木渉 すずきわたる

緑茶のある暮らし

緑茶の生産量、流通量、
ついでに消費量も日本一。
まさに緑茶王国の静岡。
当たり前すぎて忘れがちだけど、
それはこれまでの町の歴史や
お茶を作る人たちの苦労があってこそ。
新茶の季節到来に向けて、
茶市場のある静岡市の茶町や
生産者さんを訪ね歩き、
新たな飲み方も教えていただきました。
茶畑のある風景とおいしいお茶は
やっぱり幸せの印だなと思いながら。

文／増渕礼子　写真／小澤義人（p88.94.96.98-101）

静岡茶を全国一に押し上げた熱い茶商たちの町

大正時代に開業し、静岡駅から安西までを結んでいた路面電車。写真は昭和37年、茶町付近で撮影されたもの
撮影／関教司（静岡市文化財資料館蔵）

戦前の茶町。
伊藤春吉商店と読める

サスナカ牧野商会の代表取締役牧野直さん。自ら淹れてくださったお茶がおいしい！

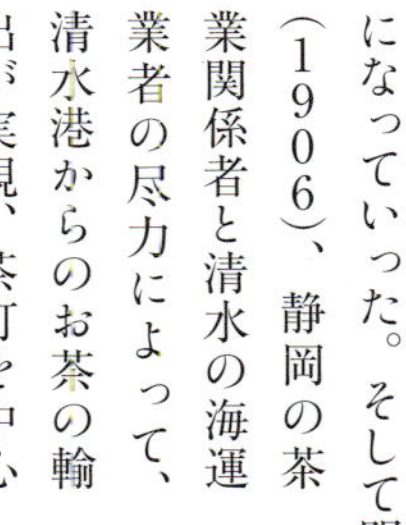

製茶工場では、特別なお茶の製造に使うバスケを見学

江戸時代に徳川家康公が築いた駿府96ケ町の一つであった茶町は、古くから安倍川上流域で栽培されたお茶「安倍茶」を市中で商う人たちの町だった。幕末に横浜港が開港し、明治初期に海外へのお茶の輸出が盛んになると、茶町は次第に、県内各地のお茶を集める集散地としての役割を担うようになっていった。そして明治39年（1906）、静岡の茶業関係者と清水の海運業者の尽力によって、清水港からのお茶の輸出が実現、茶町を中心

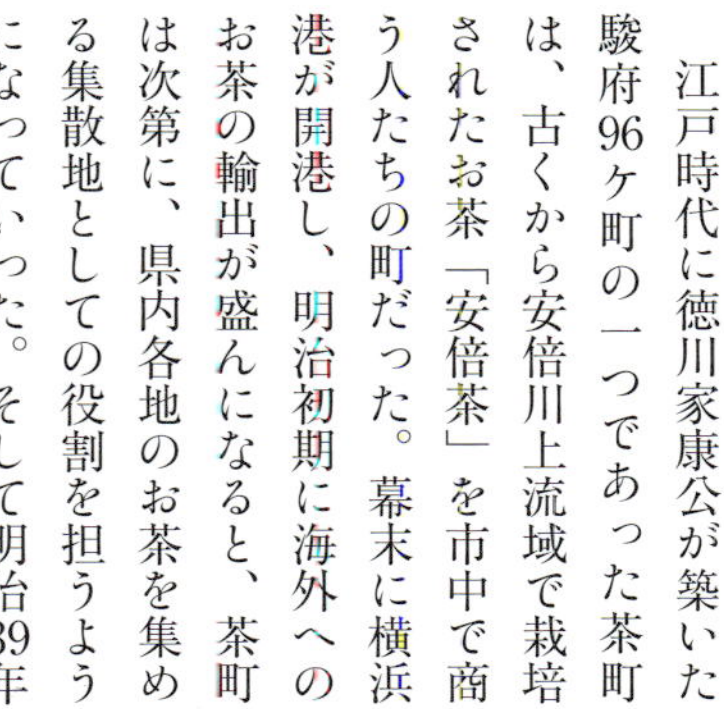

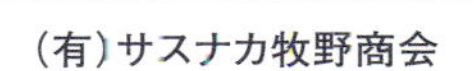

（有）サスナカ牧野商会

サスナカ牧野商会は、静岡産の玉露、山間地で栽培された高級銘柄をはじめ全国各地の高級茶葉を取り扱う創業200年の老舗茶問屋。静岡銘菓の「茶プリン」の発売元でもある。

昭和30年代の茶市場。取引の後、ホッと一息ついているところだろうか

(株)マルカ

創業80年を超える老舗の茶斡旋業、茶製造販売のマルカ。

お茶の品質をチェックするための拝見台。たくさんの日めくりカレンダーは、それだけ多くの茶問屋と付き合いがある証

に輸出茶の仕上げをするための工場などが爆発的に増え、静岡は茶産業の町として大きく発展することになる。

　第二次世界大戦後は、静岡茶市場や茶業団体の事務所が次々と建てられた。荒茶の仕入れは県内に留まらず、西日本にも広がり、茶どころ静岡の名は全国に定着していった。

　現在の茶町界隈はお茶の時期以外は静かで、少々古びた町並みには昭和の風情を残した懐かしい雰囲気がある。何も知らない人には、ここが今でも日本一のお茶の町とは分からないかもしれない。

　そもそもお茶は、茶畑から製品になるまでの道筋が実に複雑だ。茶の木を育てる、収穫した茶葉を蒸して、揉んで、乾燥させ「荒茶」に加工する、荒茶の形を整え、火入れしてさらに乾燥させ、ブレンドで味を整え「仕上げ茶」をつくる、仕上げ茶を小分けして包装し販売する。このお茶づくりの流れのどこからどこまでが誰の仕事だと、明確な区分けがつけられない。例えば「お茶屋さん」とひとくちにいっても、それが小売りを指す

白形傳四郎商店では、定番商品の日本茶、紅茶、中国茶を50種類ほど常設展示、試飲もできる。オリジナルマスコット「傳ちゃん」のお茶碗がかわいらしい

（株）白形傳四郎商店

創業90年の茶問屋白形傳四郎商店。昭和30年代から通信販売を始め、平成12年から北米でも本格的に日本茶の販売を始めている先進的な茶問屋。平成27年には、茶の実油を開発。その健康と美容への効果と、甘みとうま味が凝縮した味に注目が集まっている。

仁志乃

車町にある仁志乃。焼き団子や生菓子がおいしい。特にお団子は、粉を使わず、うるち米を炊くところから自家製というだけあって、絶品。茶町を歩いた後は、ここに座って焼きたてあっつあつのお団子をいただくのがお薦め。

撮影／関教司（静岡市文化財資料館蔵）

のか、問屋を指すのか、素人にとっては大変に分かりにくいのがお茶の流通なのだ。

というわけで、編集部ではお茶のことを知ってもらおうと、静岡市で茶町の見学ツアーなどを企画する、そふと研究室の坂野真帆さんに茶町界隈を案内してもらった。

まず訪ねたのは、200年続く（有）サスナカ牧野商会の6代目、牧野直さん。「茶商」である牧野さんは、主に県内外の玉露や高級煎茶の荒茶を仕入れて仕上げ加工し、卸や小売りで販売している。「4月から5月末頃までの新茶の時期は、文字通り寝る間もないほど忙しいですよ」と、新茶取引の話を聞かせてくれた。4月に入ると茶町界隈は日が昇る前からざわざわと人の気配に満ちる。牧野さんは早朝3時には起きてまずお湯を沸かし、4時半には扉を開けて入ってくる「才取さん」を待つ。

才取とは、農家などから朝一番で受け取った荒茶の見本を茶商へ持ち込み取引する斡旋業者のこと。才取の多くが、強力な情報収

“静岡茶屋”認定登録店の小島茶店
代表取締役小島康平さん

静岡県茶業会議所は、「静岡茶屋」の名前で本物の静岡茶を提供できる店を認定登録し、市民や観光客に静岡茶を広めようという取り組みを始めた。認定登録店では3種類500円の茶葉のセットを店頭で試飲できる

極上のお茶を、一流の淹れ方でいただく。

静岡茶屋　小島茶店

静岡市の最上級のお茶、駿府本山茶をメインに扱う小島茶店。店主の小島康平さんは日本茶インストラクターでもあり、静岡茶屋にも登録しているお茶屋さん。小島さんにお茶を淹れていただきながら、駿府のお茶の話に花が咲く。「安倍川、藁科川の中流から上流域は、茶の名産地といわれたエリアで、私たち茶商はこの辺りのものを本山茶と呼んでいます。このお茶を、駿府の町で火入れして駿府本山茶としてお客様に出したいという気持ちでやっていますよ」。柔らかな笑顔に、茶師の気概がにじむ。話の合間にもさまざまな品種のお茶がスッと出てきて、一煎、二煎、三煎と、思わず長居をして話に聞き入ってしまう。

小島さんは「お茶は嗜好品。だからこそいろいろなお茶を試飲してもらいたいんです。産地や作り手の物語を聞いて、こんなに違いがあるということを知ってほしい。そして、ご自分の好みのお茶を探すことを楽しんでほしいですね」と話してくれた。

集力と直感で、茶商の好みや売買の傾向、この店からお茶を買う顧客までをも見越して見本茶をそろえてくる。

そんな才取を待ち構えてしっかりとした目利きでもって、茶商は応じる。「1年間商うお茶のほとんどをこの新茶時期に仕入れるので、こちらもあらゆることに頭を働かせ、緊張感を持って毎日の取引に臨みます」と、牧野さん。手締め1本で数百万円の取引になることもあるのだとか。

それぞれに感性から経験から人の心をつかむ話術まで、多くのことが試される真剣勝負の商売の場がここ茶町にはあるのだ。

才取といえば、かつては新茶の時期になると、見本茶を受け取った彼らが、好条件で取引を成立させようとわれ先に静岡駅から茶町方面へ自転車を走らせる姿が見られた。レースさながらの迫力は今も街の人たちの語り草だ。

次に向かった先は、その才取、斡旋業の（株）マルカ。現在は併せて製茶業、問屋業も営む。木の長机の上には、見本茶を乗せる盆や湯を沸かすためのやかん。壁に

昭和30年代後半の静岡駅前。電車に乗ってきた才取さんたちは、駅から自転車で猛ダッシュして茶町に駆け付けたという

昭和31年に設立された静岡茶市場。4月から5月にかけては、ここがお茶取引の中心地となって、茶町は早朝から夕暮れまで1年で最も忙しい時期を迎える

そふと研究室 代表取締役

坂野真帆さん

静岡県のブランド力ある地域資源としてお茶に注目。多彩なお茶の魅力を伝える体験型ツアーを年間通じて企画実施する。茶町周辺では、新茶時期を中心に、早朝の静岡茶市場見学や茶町界隈のまち歩きツアーを行っている。

茶町を歩くと、昭和の風情とともにちょっとしたトリビアが隠されていることに気付く。写真上は渋沢栄一がかつて住んでいた建物。写真左上の茶問屋は、植え込みが数種類の茶の木。写真左下の商店はお茶の包装資材店。個人で購入することもできる

はそれぞれの屋号が入った茶の見本缶が並んでいる。「農家も才取も茶商も、茶に関わる全ての人間が茶の取引を通じて磨き合って、レベルを高めてきた。それが静岡のお茶を全国一に押し上げた原動力だと思います」。そう語るマルカの5代目、杉山卓史さんの言葉に静岡茶業のプライドが覗く。

今も茶町周辺には100軒超の茶商、30軒ほどの斡旋業者があるという。さらに、お茶専門の包装資材店や大正時代から続く和菓子屋、茶の試飲に欠かせなかった井戸水（今も水が汲める！）、数種類の茶樹になっている茶商の植え込み、他の町よりちょっと多い自転車屋など、お茶とその歴史に関連したものがたくさん残っている。ただの通りすがりなら見逃してしまうかもしれない。けれど、茶業関係者の話を聞いた後なら、どうだろう。近くて遠かった茶町の営みがグッと身近になると同時に、一杯のお茶の味わいに奥深さが増しはしないだろうか。

古い写真の提供：静岡県茶業会議所（P89）、静岡市文化財資料館（P89・91）、静岡茶市場（P90・93）

作り手に逢いに

のどかで美しい風景として象徴的な茶畑。
驚くような山深い地域でも目にするこの風景は、
作り手の日々の努力によって生まれたもの。

お茶作りに人生を賭ける２つの農家さんを訪ねました。

手揉み茶師の里で丹精込めた豊富な茶種を

静岡市の中心から車で20分ほど、安倍川の西岸に内牧地区はある。古くから駿府のお茶産地の一つであったが、明治初期、内牧の名主であった海野太七氏が50町歩（約50ha）の茶園を開墾し、京都の宇治から茶師を招いて地域ぐるみで手揉み技術者を育成するようになってからは、手揉みの郷としても知られるようになった。夫婦二人で自園自製のお茶を作り、全国的にもその名を知られる森内茶農園は、この内牧に江戸時代から続く農家。９代目の森内吉男さん、真澄さんともに、手揉み保存会に属し、日本茶インストラクターの資格も持つ、まさに畑から食卓までを知り尽くしたお茶のエキスパートだ。昨年（２０１７年）も全国茶品評会普通煎茶４キロの部で一等三席（第3位）を受賞した実力で高い評価を受けている。しかし、吉男さんご本人は世間の評価もどこ吹く風。「お茶作りで目指すところはもちろんあるが、条件は毎年変わる。そういう意味ではいつだって1年生ですよ」。年に一度しかない収穫と製造の繁忙期は、刻々と作業判断を

穏やかなお人柄の森内吉男さん、真澄さん。築150年の古民家で真澄さんに淹れていただくお茶は格別の味わい。多様な味と香りに感動

森内茶農園

静岡市

強いられる緊張の日々。そんな中、品評会などで他者の評価を得ることは、自分自身の試行錯誤を明確な指針に変えられる良い機会と捉える。心掛けているのは、基本に忠実に、きちんとした手順を踏むこと。当たり前のことをやるだけと言いながら、同じことは一つとないのが農業の厳しさであり、面白みでもあるという。

森内さんの茶畑は約3町歩ほど。急峻な茶畑は機械が入らない箇所が多く、面積の3分の1ほどが手摘み。茶摘みは20人ほどいる〝茶摘み娘〟に手伝ってもらうが、茶樹の栽培管理から改植、肥料作り、お茶の製造などは全て自分たちだけで行う。これだけ多忙でありながら、森内さんは手揉み茶、玉露、品種別手摘み茶、煎茶はもちろん、台湾製法の微発酵茶、紅茶、ウーロン茶と実に多くの茶種を作る。特に発酵を必要とする茶種の製造は、国内外の指導者との交流も含め、森内さんにさまざまな気付きを与えてくれたという。

「茶葉を萎凋（いちょう）させたり発酵させたりして香りを立たせる。製造工程における経時変化から完成後、さらに後熟によるお茶の香りの変化そのものが面白くて仕方ないんですよ」と話してくれた。多くの茶種を作ることによって、森内さんはお茶がその土地の自然環境や社会環境、食文化に影響されてできているものだと深く感じるようになった。「例えば、自分の中の煎茶文化が自分の紅茶には活かされている。品種のストーリー、茶種のストーリーを尊重しながら、自分なりのものづくりをやっていきたいですね」。

急峻な丘に囲まれたすり鉢状の地形。そのてっぺんに上ってみると、ふんわりと緑のキルトをかけたような森内さんの茶畑が広がっている。年に一度しか巡ってこない季節のために、全てを賭ける。茶農家の矜持が感じられる美しい風景だった。

雲海を望む茶畑から生まれるバラエティー豊かな品種茶たち

片平豊さん、次郎さん親子。誰もがハッとするほどの絶景がある両河内の茶畑で最高のお茶を追求する2人

豊好園

静岡市

静岡市清水区東部を流れる興津川の上流、両河内（りょうごうち）地区。標高350mの山間の地に広がる〝雲海を望む茶園〟。秋冬の早朝、白い川霧がヴェールのように優しく山々を覆う姿を見て、豊好園の3代目、片平次郎さんが名付けた。

「この辺りは茶産地としては後発で、祖父がみかん栽培を茶に切り替えた頃は、両河内という地名はほとんど知られていませんでした」。風向きが変わったのは1980年代。独特の地形や気候が茶の栽培に向いているのは間違いない。そう信じる両河内の茶農家が一致団結して栽培したお茶が静岡茶市場初取引で最高値を獲得する。「当時は大騒ぎだったそうです。多くの伝統ある茶産地を尻目に、無名の両河内がトップに躍り出たんですから」。

しかし、バブル崩壊の頃を境に茶の消費量は目に見えて減少し、周辺では茶農家を辞めていく人が激増した。「父も良いお茶を作るため必死だったと思います。でも、子どもの頃から父が仕事の愚痴を言うのを聞いたことがない。夜明けから日暮れまでずっと茶畑にいて、帰宅するとその日の畑のことを楽しそうに話してくれる。仕事の域を越えて人生そのものが〝お茶〟なんですよ」。そんな父を見て育った次郎さんが茶農家を継いだのはごく自然な流れだった。

豊好園の茶畑は、全体の4分の1が、畑というより階段状の崖のように切り立つ急斜面にある。片平さん親子は、その急斜面も含めて毎年どこかしら改植しているというから驚く。次郎さんは「作業性の悪い所から毎年改植してます」とこともなげに言う。畑を作るのが何より楽しいという豊さんの育てた茶樹から、今では21種もの品種茶が商品になっている。次郎さんは言う。「うちのお茶の特徴は、葉っぱっぽさが残ってるところかな。特別なことは何もなくて、ただお茶の木が求めてることをきちんとやるだけ。要は、健全な葉っぱを育て、きちんと光合成できるようにしてあげること。そのために防除の農薬も撒きますし、必要な肥料もやりますけれど、それが味や香りを作るんじゃないんです。当たり前だけど、茶樹自身が味も香りも作っているんですよね。人工的なものではなく、あくまで農作物」。父ほどの熱はまだないと言いながら、次郎さんの語るお茶の話は、それはそれは熱かった。今、次郎さんは、業種を超えてさまざまな人たちとネットワークを持ち、情報ツールも駆使して自分の言葉で豊好園のことを伝えている。興津川上流域の景観を活かしたツアーやイベントなどにも積極的だ。「父の人生を受け継いでお茶を作って、俺はこんなに幸せだぞ、って。世界中に言いたいじゃないですか」次郎さんはいたずらっ子のように、にやっと笑った。

おいしい日本茶と過ごす午後

子どもの頃から毎日何気なく飲んでいる日本茶。
当たり前に飲んでいるからこそ、
日本茶の奥深いおいしさや楽しみ方に気付かないまま
日々を過ごしている人が案外多いかも。
そこで「お茶の魅力って、奥が深いんですよ〜」と話す
日本茶インストラクターの松島章恵さんに
あらためて、お茶の楽しみ方を教えてもらいます。

1

ローズピンクの器と紅茶、テリーヌショコラ

ローズピンクの繊細な急須は作家もののオリジナル。国産紅茶を淹れて、程よい甘みが効いた濃厚なテリーヌショコラと合わせます。国産紅茶は英国産よりも優しい味わいで、緑茶と同じ感覚で楽しむ人が増えています。

使用した茶器
ティーポット、カップ（マカコンシリーズ）
前田直記　http://naokimaeda.strikingly.com

一煎目、二煎目、三煎目 刻々と変わっていく様を 五感で楽しむ

本日のお茶会メンバーはタビタビ編集部のTとM。早速、日本茶インストラクターの松島章恵さんが持参したすてきな急須や茶碗に目がくぎ付けに。「どれも小さ目でかわいらしい！」「色もデザインもおしゃれで。シブい日本茶のイメージが変わりますね」。

まず松島さんが最初に淹れてくれたのは、最高級の手摘み茶。茶の木を、自然の樹形を生かした仕立てで育て、茶葉を手摘みする希少なお茶なのだそう。「今日は、茶葉の変化も目で楽しんでいただくために、中国茶用の蓋碗という

「日本茶インストラクター」ってどんなひと？

日本茶に対する興味関心が高く、幅広い知識とお茶を淹れる優れた技術を備えた人に対して「NPO法人日本茶インストラクター協会」が認定する資格です。静岡県には現在約1000名の認定者がおり、日本茶のプロとして、各地でお茶や健康、料理、食育関連の講座やカフェなどのプロデュースに関わっています。今回の講師をお願いした松島章恵さんは、インストラクター歴15年のベテラン。静岡市にある「しずおかO-CHAプラザ」で年間1000名以上にお茶の楽しみ方を指南しています。

日本茶インストラクター

松島章恵さん

2

蓋碗と富士山の和三盆

中国茶用の蓋碗。器に直接茶葉を入れ、水やお湯を注ぎます。いただく時は蓋をずらして、茶葉が出ないように押さえて飲みます。茶葉の変化が目で楽しめ、茶殻の片付けも簡単。お菓子は上品な和三盆を添えて。

器を使います。これひとつで急須と湯飲みの役割を果たす便利なものです」。茶碗の底には、針のように綺麗によられた細い茶葉。そこに少量の水を注ぐと、ゆっくりと茶葉が広がり器の中に鮮やかな緑が蘇ります。「上質なお茶を水で淹れるのは新しいスタイル。お茶のうま味がじっくり味わえるおすすめの飲み方です」。数滴ずつ舌の上で広げるように…と教わって試してみると、「わ、コレ、すごく甘い」「口の中に広がる香りがすごい！」。今までに体験したことのない味と香りにしばし感動。「こんな風に一滴ずつ、低温のお茶をじっくり味わったのは初めて」「気持ちまでゆるりとほぐれますね」。

次は、同じ茶碗にぬるめのお湯を注ぎ、ひと呼吸待って二煎目。「あれ？　さっきと全然違う」。同じお茶とは思えない味の変化に二人とも目を見張ります。「水で淹れた一煎目と比べると、渋みが出て違いが際立つんです」。さらに三煎目は熱いお湯を注いで、待つことなくすぐに口元へ。「うん、これはもういつものお茶の味。も

3

萬古焼のメタリックな急須と、黒地に白の花模様入りの湯冷まし

地味ながら独特の輝きがある萬古焼の急須は存在感たっぷり。個性的な湯冷ましもテーブルに華を添えます。さらりとした甘みの上生菓子がお茶の味を引き立てます。

使用した茶器
急須／萬古焼　松風窯　銀化窯変
ピッチャー／伊藤剛俊　instagram.com/take_to_shi
銀樹小皿／野田里美　face-book.com/satomi-noda.ceramics

ちろん上等ですけれど（笑）」。
小さな茶碗の中で次々と繰り広げられていくお茶のドラマチックな変化に、二人ともすっかり心を奪われた様子。「普段飲んでいるお茶のおいしさが当たり前と思っていたけど、今日は目から鱗の発見がありました」。インストラクターの松島さんは、個人のお宅でも今回のようなお茶講座に対応してくれるとのこと。静岡人たるもの、ぜひ本当においしいお茶の淹れ方、楽しみ方を身に付けたいもの。あなたも、インストラクターさんから直々の指南を受けてみてはいかがですか。

日本茶を彩るお茶請け

Conche

静岡市

静岡で唯一、カカオ豆からチョコレートまでを自家製で作る「Bean to Bar」チョコレートの専門店。今回いただいたテリーヌショコラは、まるで生チョコのように濃厚なチョコケーキ。柔らかな国産紅茶にぴったりのビタースイート。

竹翁堂

静岡市

清水区にある和菓子屋さん。繊細で、大変美しい季節の和菓子が評判で、茶人からも近隣の人たちからも愛されている地域の名店。和三盆の36（Saburoku）は、富士山を象ったもので海外土産に最適。5つの味で上品な化粧箱入り。

次郎長屋

静岡市

昭和21年創業、おいしい昆布、海産物、乾物食材の食料品店。函館近郊の浜でしか採れないがごめ昆布の販売をはじめ、良質なものを扱っている信頼のお店。こちらの上角塩昆布は、天然真昆布を使った滋味深い味わい。

4

ガラスポットとナッツ、昆布

緑茶の透き通った黄緑色を、ガラスの急須に差し込む光越しに眺めるのもすてき。紅茶用のポットで代用してもいいでしょう。お茶の甘味を引き立てる塩昆布やナッツが、お茶請けとして好相性。

使用した茶器
ポット、片口、小皿（Flowシリーズ）
glass atelier えむに
http://emuni.jp/

5

茶殻のオリーブオイルドレッシング

三煎飲み終えた後の茶葉は岩塩やオリーブオイルをつけて料理の一品に。上質なお茶は苦みも少なく、驚くほどのおいしさです。

新しいスタイルで楽しむ日本茶

ここ数年、首都圏でも日本茶カフェや緑茶BARといった「緑茶をおしゃれに飲ませてくれる店」が人気だ。家でお茶を飲むのが当たり前になっているお茶どころ静岡では〝お金を払ってお茶を飲む〟という習慣は定着しないといわれていたが、若者や女性を中心に日本茶カフェやショップ、抹茶カフェなどが続々と登場している。急須のない家庭も増え、〝緑茶離れ〟どころか〝緑茶知らず〟の世代が増え、需要は落ち込む一方か…と思いきや、コーヒー人気でなじみ深くなった、生産地や生産者にこだわった商品に対する嗜好性が緑茶にも波及。知らないからこそ、新鮮な目で「日本茶」の価値を見出す世代が登場しつつあるというのだ。売る側も若い世代の発想で、新たな売り方を始めている。

GREEN∞CAFE
グリーンエイトカフェ

静岡市

「コーヒー?・すみません、ないんです」グリーン∞カフェでは和紅茶が主役

まずは、若い生産者が始めたカフェを紹介しよう。静岡駅から車で1時間ほど走った静岡市清水区和田島にあるグリーン∞（エイト）カフェ。立ち上げたのは、清水区で緑茶の生産・製茶を行う若手農家集団(有)グリーンエイト。グリーンエイトはもともと、代表の北條広樹さんの父とその仲間が8人で出資して立ち上げた自園自製の茶葉を生産する有限会社だった。すでに緑茶の人気が低迷し始めていた2011年、東日本大震災の原発事故の影響で静岡市の緑茶からセシウムが検出された問題で、生産した茶葉を全て廃棄するという事態が起きた。翌年以降、静岡の茶葉は大暴落、かつてないほどの価格にまで落ち込んでいった。先が見えない中、グリーンエイトは現社長である北條太樹さんたち3人の若者に世代交代。社長に就任した北條さんは3人の役割を分担して農業・製造・営業をそれぞれが担当することに。荒茶の卸売より小売りを重視しようとネット通販を始め、SNSを活用して情報を発信するように。自社商品のバリエーションを増やし、若い世代を取り込むことを目的に紅茶の生産も始め、日本の紅茶のパイオニアである丸子紅茶の生産者にも指導を仰ぎ、3年ほどかけて自社商品として育てた。元より、先代たちが築いてきた茶葉には自信があった。グリーンエイトの主力商品として、問屋や大手茶商からも引き合いが来るようになっていた紅茶をメインに据えた〝カフェ〟を作ろうと決めたのは3年ほど前。従来の日本茶喫茶ではなく、若い世代が楽しめて日本茶好きも満足できる。そんな普通のカフェ。「茶業界的にどうなの?という発想ではなく、世の中的に見てどうなの?という問いから考えたいんです」と北條さん。その発想が的を射て、カフェ立ち上げから2年目の今、小売り部門の売り上げは飛躍的に伸びた。昨年から清水区の若い茶農家の仲間を集めてマルシェを始めた。

ラベルをよく見ると茶葉の収穫日・場所・栽培担当者・栽培方法が英数字でデザインされている。下の写真は2017年の無農薬有機栽培冠茶。収穫の2週間前より遮光幕で覆い、直射日光を遮って栽培されたもの。煎茶の爽やかさと玉露のうま味を併せ持った極上の逸品

下町の新たな魅力を発信する蔵前で、藤枝のオーガニック茶を発見！

NAKAMURA TEA LIFE STORE
ナカムラ ティー ライフ ストア

東京都台東区

もうひとつ紹介したいのは、同じく生産者直売のお茶屋さんNAKAMURA TEA LIFE STORE（台東区蔵前）。蔵前は、最近海外からの旅行客にも人気の高い東京の下町だ。店長の西形さんは藤枝市出身。デザインの仕事に携わるが、2015年に30歳で脱サラ、幼なじみの中村さんが作る有機栽培のお茶を販売するショップを立ち上げた。急須で淹れた熱いお茶が日々の食卓にあって、そこに家族の風景がある中で育った西形さん、「静岡育ちの自分には、ごく当たり前の光景でした」と話す。東京に出てきてから、お茶を飲む時間、お茶のある風景が当たり前ではないと気付き、多くの人にこの文化を知ってほしいと思うようになったという。西形さんが手掛けたNAKAMURA TEA LIFE STOREの意匠デザインは、スタイリッシュで都会的だが温かみがあり、古民家をリノベーションした店の雰囲気にとてもマッチしている。店舗では丁寧に淹れたオーガニックのお茶をテイスティングでき、使いやすく美しい急須などの販売もしている。お客さんは30〜40代くらいの女性が多く、週末にわざわざ出掛けてくれるファンも多いという。「お茶が毎日ごく普通にある生活を提案していきたいです」と西形さん。売るものも、売り方も、売る場所も自分たちで提案する。丁寧に作ったものを売りたいと考えた時、彼らのような取り組み方は等身大で誠実だ。今の消費者がそこに惹かれるのは、作り手自らが実際に感じていること、やっていることを自分たちの言葉やセンスで伝える術を持っているからなのだ。

つゆひかりで作った琥珀スイートが、グリーンエイトの紅茶第1号。その後、やぶきたで作った琥珀ビター、静7132（マチコ）で作った琥珀マイルドなどをそろえ、今では他の品種での紅茶も続々登場、全9種類が販売されている。パッケージはお茶ではタブー視されていた黒。「カフェならOKでしょ？」と北條さん

「お茶仲間だけでなく地元のお母さんたち、街場の飲食関係の友人・知人が参加して誰もが楽しめるものになってくれれば」と話す。お茶仲間には、96頁で紹介した両河内の豊好園の片平次郎さんをはじめ、若い生産者がそろう。グリーン8カフェが拠点になって、興津川の山郷が何やらもっと楽しくなっていきそうな勢いがあるのだ。

知る、楽しむ、もてなす。静岡茶がもっと楽しく豊かになる

Let's enjoy Japanese tea.
SHIZUOKA CHAYA

静岡茶屋

美味しい静岡茶が楽しく飲めて、お茶のことも学ぶことができるお店等が「静岡茶屋」として認定されています。

静岡茶屋とは・・・

1. 静岡茶を心こめて提供します
2. 3種類の静岡茶を500円で提供します
3. 訪れた人からのお茶に関する質問に適切に答えます
4. 座ってお茶が飲めます
5. 静岡茶屋ののぼりが目印です

東西南北に広く、平坦地、山間地、川沿いに多くの銘茶の産地がある静岡県。それぞれに旨みのあるお茶を産出しています。3種類のお茶を味わえる「静岡茶屋」で、各産地の味を楽しんでみてはいかがでしょうか。

このぼりが目印！

静岡県茶業会議所
〒420-0005
静岡市葵区北番町81番地
054-271-5271

認定店の最新情報は静岡県茶業会議所のHPからチェック！

HP ➡ shizuoka-cha.com

静岡県内はもちろんのこと、県外にも「静岡茶屋」認定店が拡がっています。提供するお茶の種類はお店により異なり、それぞれの個性が光ります。

◀のぼりを掲げる認定店（静岡市葵区）

エバーグリーンに憧れて

エバーグリーンは常緑のこと。
〝いつまでも若々しい〟ということの比喩として使われるけれど、
緑ほど、見る時々によって、その意味合いを変える色もないような気がする。

冬の凍てついた青空に力強く主張しているときもあれば、
柔らかな輝きで、世界にそっと寄り添うようなときもある。
穏やかなだけでなく、切なくほろ苦い気持ちにさせられることもあるし、
静かな悲しみの色のように感じることもある。
でも、どんな緑にも共通しているのは
そこに、絶望という言葉が当てはまらないこと。

エバーグリーンに憧れて、曲がりくねった道を行き
森の中でひっそりと湧く泉のように
豊かに生きる人びとに会いにゆく。

Interview

キモビッグ・ブラジル代表

松橋美晴さん

「今ここでできること」が、世界に通じる扉を開く。

『日本にいながらブラジルライフ』というユニークなスローガンを掲げ、行く先々でブラジルの魅力を伝え歩く松橋美晴さん。美晴さんがブラジルという国をこよなく愛し、日本一の応援団となるまでのお話を聞いた。

文／増渕礼子　写真／多々良栄里

「日系人じゃないし、ブラジル人と結婚しているわけでもないし、ブラジルに長く住んでいたわけでもない。なのに、何でブラジル？ってよく聞かれるんです」。ブラジルと日本をつなぐコミュニティーファクトリー『KIMOBIG Brasil（キモビッグ・ブラジル）代表』と書かれた名刺を出しながら、開口一番、美晴さんはそう言った。『KIMOBIG Brasil』は2006年、美晴さんが群馬県大泉町でたった一人で立ち上げた小さな団体だ。それから11年、今では全国のブラジル関連のイベントコーディネートをはじめ、語学、音楽、ダンス、料理教室などの開催や運営サポートに引っ張りだこの存在となり、活動に賛同する行政機関や団体の数も急増している。

青森県出身の美晴さん。厳格な家庭に育ち、短大卒業後は地元で親の勧める仕事に就いて、ごく普通に結婚…そんな道を歩むはず…だった。が、しかし、「ここで誰かと見合い結婚して、子どもを産んで…それ以外の選択肢はないの？ って。自分の周りにまとわりついてくる閉塞感がたまらなかった」。悶々とした毎日に一瞬の光が差したのは22歳の時。ライブハウスで聴いたブラジル音楽の魅力に惹かれ、両親の大反対を押し切ってブラジルに留学。しかし、約束の一年半が過ぎて地元に戻ってみたら、ブラジルはあっけなく、また遠い国になっていた。ブラジルに行って、何よりもブラジルが好きになって帰ってきたのはいいけれど、その経験や想いを生かす場所は、美晴さんの日常にはなかった。「周囲の反対を押し切ってブラジルに行ったのに、結局何者にもなれずに帰ってきた。そんな自分が嫌で」。宙ぶらりんな気持ちのまま、時間だけが過ぎてゆく。そんなある日、大喧嘩をした弟の言葉にハッとする。「姉ちゃんは、いつまでウジウジしてるんだ。ブラジルなんて、ほとんどの人が一生行かずに終わる遠い国だよ。未練がましく思うのもいい加減にしろ！ って…」。無理だと分かっていても、〝本物の〟ブラジルとつながっていたい。日本で逢えるブラジルなんて偽物でかっこ悪い。そんなくだらない見栄を張っていた自分を認めたら、ふっと肩の力が抜けた。

爆発しそうなのに 何していいか分からなくて（笑）

今やれることをやろう、と決めてからの行動は早かった。惰性的な生活から一変、日本で一番多くのブラジル人が住んでいる町、群馬県の大泉町にアパートを借りて住み、ブラジル系企業に職を得た。「街中にはポルトガル語の看板が溢れてるし、ブラジル人の友達もすぐできた。なんだ、こんなに近くに私の大好きなブラジルがあったんだ！ ってものすごくうれしかった」。しかし、ほどなくして、美晴さんはあることに気付く。それは、地元の日本人とブラジル人の間にある見えない壁。「表向きは国際交流しましょうなんて言っても、実際にはブラジル人の集まるところは治安が良くない、ブラジル人は怖い、という暗

菊川市河東で「ブルーベリーの郷」を営む西下はつ代さん所有のブラジル野菜キャッサバの畑。菊川市でアマゾン料理の店を営む大川保則さんもここで野菜を育てている。高品質で首都圏の著名なシェフにも好評のキャッサバは、美晴さんが橋渡しして、今では都内のブラジルレストランでも使われているそう。

黙の空気が街全体を覆っていました」。ブラジルの文化や人の素晴らしさを、何とか分かってもらいたい。モヤモヤが募り、美晴さんは自ら活動団体を立ち上げることにした。「県の窓口の人に相談したら、本当にやるんですか。相当孤独な闘いになりますよって言われた」。その言葉は、当時の日本人とブラジル人の関係を物語っているようだった。「それでもやると決めました。そして、やるなら楽しくやる。絶対に辛い顔は見せまい、と」。この時初めて、美晴さんは自分の人生を賭けてもいいものを見つけた。心の中に、決して消えない、小さな炎が生まれた。

活動の第一歩は、ブラジルグルメツアー。ブラジル雑貨店でアルバイトをしながら、少しずつブラジルに興味を持つ日本人の友人知人を増やし、大泉町内に100件くらいある本場のブラジル系ショップを巡るというコアなツアーを企画したところ、首都圏から多くの参加者が集まった。以来11年の間に結婚し、一男を授かって母になり、家族の仕事の都合で今は富士市を拠点に活動するようになったけれど、美晴さんは相変わらず元気いっぱい。菊川市の畑で育てたキャッサバの収穫に立ち会い、アマゾン料理店で顔なじみのオーナーとおしゃべりした翌日には東京でイベントの打ち合わせ、かと思えば一カ月間のアマゾン出張…人と触れ合い、活動を通じて尽きぬパワーを生み出しているようなのだ。「『KIMOBIG Brasil』を立ち上げた大泉町は今では町をあげてのブラジルタウンになった。一昔前を考えるとやっぱりうれしい」と笑う。当初は活動に大反対していた両親も、今では良き応援者、そして大のブラジルファンだ。

『KIMOBIG』という名前の由来は、高校時代、気が小さかった自分を奮い立たせようと付けた当時のバンド名。「肝がでかい、だからKIMOBIG」(笑)。「何者かになりたい」と願った少女は、自分自身を投じるものを見つけて、思い切って羽ばたいた。もがいて苦しんだ分、弾けて楽しんで思いっきりやってやれ！ そんな美晴さんの生き方にまさにぴったりの名前ではないか。

両親の移住によって、ブラジルのパラ州で育ったオーナーの大川夫妻が菊川市で営むアマゾン料理のレストラン「コスモス」。料理は妻の圭子さんが担当し、夫の保則さんはキャッサバを中心にさまざまなブラジル野菜を育てる。この日はキャッサバを中心に、代表的なアマゾン料理をいただいた。マンジョッカ（＝キャッサバ）の絞り汁を発酵させた独特の調味料トゥクピーを使った「パット・ノ・トゥクピー（アヒルのトゥクピー煮込み）」や「タカカー（トゥクピー、アマゾンのしびれ草ジャンブー、干しエビのスープ）」、「マニソバ（キャッサバの葉と牛肉を５日間かけて煮込んだもの）」など。どれも野菜をたっぷり使い、滋養に富んだおいしさだ。

画家
谷川晃一さん

雑木林と猫と海、今、見た光が絵筆と踊る。

花に言葉があるのなら、どんな詩をうたうのだろう。幼い頃、聴いていたかもしれない植物たちのおしゃべりを色と形にしたような、心揺らす絵を描く谷川晃一さんに会いたくて、緑の風が吹く伊豆高原を訪れた。

文／鈴木ソナタ　写真／多々良栄里

大きなガラス窓から午後の木漏れ日が差すアトリエ。

「あれ、うちのこ、なおちゃん」

画家、谷川晃一さんの視線の先で、板張りの床をカフェオレ色のしっぽが優雅に走り抜けた。推定13歳、雌猫のなおちゃんは、2008年に妻の宮迫千鶴さん（エッセイスト、画家）が亡くなって以来、伊豆高原の自宅兼アトリエで一人で暮らす谷川さんの小さなパートナーだ。

「ほら、声を掛けると返事をするでしょう。人懐こいんです」

谷川さんの言葉通り、なおちゃんは客人に礼儀正しくニャアと挨拶して、またふわりとアトリエを出ていった。

宮迫さんと共に東京から伊豆高原に移住したのは1988年。クヌギ、ヤシャブシ、コナラやシイの木。空に向かって生い茂る雑木林に守られるように、カフェやレストラン、広い庭や菜園を持つコテージ風の住宅が点在する美しい緑のまちで、谷川さんはおよそ30年間、絵を描き、言葉を綴ってきた。海へと続く坂道の散歩。浴室のガラスに張り付いたヤモリ。地域の人たちとの交流。谷川さんにとって伊豆高原での日常は、創造と想像の源だ。

1938年、東京生まれ。横浜で空襲、埼玉で疎開を経験し、7歳で終戦を迎えた。少年時代から絵が好きで、中学2年の時に画家になろうと決めた。

「美術部の先生がね、なかなか良かったんです。風に吹かれているみたいで。そのアウトサイダー的風情が、いいもんだなぁと。絵については何にも教えず、ただ『工作室に本があるから読んでな』って言うだけ。で、置いてあった絵描きの伝記を片っ端から読んでみたら、これがまた絶望的でね。貧乏で野垂れ死にしたり、自殺したり。絵描きで食っていこうなんて考えは間違いだと気付いて。だから将来は右手で絵を描いて、左手で何か別なことをして生きていかなきゃダメだと自覚したわけです」

都内の伝統ある男子校、私立攻玉社（こうぎょくしゃ）高校に入学し、東京芸大を受験するが失敗。進学は断念し、絵は独学で学ぼうと決めた。

「左手に職を付けなきゃいけないから、何をしようかと考えてね。まずは衣食住の食だと、レストランの見習いからホテルの厨房まで、3年間働きました。今でも料理は得意ですよ」

ところが一つ困ったことが。

「仲間がいないんです。先生はいなくてもいいけど、同じ芸術を志す仲間は欲しい。そこで休みの日に高校時代の友人の小杉（作曲家の小杉武久さん）を呼び出しては、どんな本を読んだらいいかとか、いろいろ尋ねるわけです。そのうちに彼が『じゃあ、俺の友人と付き合え、おまえも読売アンデパンダン展に出品しろ』と、赤瀬川原平や中西夏之といった仲間を紹介してくれたんです」

こうして谷川さんは、画家として、戦後の日本文化を牽引する前衛芸術ムーヴメントの最前線に身を投じていくことに。美術、演劇、音楽とジャンルを超えたアーティストたちとの交流の中、二十代の谷川さんは文学の世界からも大きな刺激を受ける。

「神田の喫茶店で、春日井建という同い年の歌人と知り合ったんです。彼が自分の歌集をくれたんですが、読んでみて、もう、びっくりしました。そこにはフランス映画の『洪水の前』やジェームズ・ディーンの『理由なき反抗』みたいな、破滅的で反抗的なストーリーがあったわけです。文学的であることを拒否していた当時の前衛美術にはない、リアルな今を感じました」

フランス文学者の澁澤龍彦さんに評価され、親しくなったのもこの頃。

「言葉っていうのはなんて力があるんだ、自分でも言葉を持ちたいと強く思いました」

後に妻となる、まだ出版デビュー前の宮迫千鶴さんも「言葉の人」だった。

「彼女は天才的な文学少女だったんですよ。新鮮なレトリックの、絵のような文章を書いていた。反対に僕は言葉のような絵を描きたかった。お互いにひかれるものがあったのかもしれません」

現在、自宅に併設したギャラリー「南庭工房」には、二人の表現の軌跡ともいえる作品の数々が収蔵されている。谷川さんと宮迫さんが築いた半地下の白壁の宇宙で、花や樹木など植物をモチーフにした絵画たちが、生命を宿す惑星のように、今もみずみずしく光を放つ。

「植物というのは長寿で、強い。切っても切っても伸びてくるし、焼け野原でも根っこは枯れず、ちゃんと芽吹いていく。この伊豆高原という土地に繁茂する植物に宿る力を、写実ではなく、自分が感じ取った色と形で描いていきたいですね」

植物は人間よりはるかに古い。人間なんて新参者だよ。

雨に濡れた樹木の匂い。葉陰の昆虫。花の蕾が開く音。見えるものも、見えないものも、谷川さんが受け取った自然のギフトを、「雑めく心」のまま、絵や言葉へと変換していく伊豆高原での自由な暮らし。昨年、25年間、発起人として運営委員長を務めた「伊豆高原アートフェスティバル」を惜しまれつつも潔く終止符を打ち、また次のステージへ。

「いろいろとやることが多くて、生きてる時間が足んないんじゃないかと思うんですよ」

竹細工のお盆で、谷川さん自らキッチンから運んでくれた熱いほうじ茶を飲みながら過ごす時間は、豊かな年輪を刻む大樹に触れたように、深く優しく心に染みた。

POP UP studio 代表

原　明子さん

手仕事とアートに、
ユーモアのエッセンス。
アッコさんの世界へようこそ。

文／増渕礼子　写真／多々良栄里

大人になるにつれて、"心弾む瞬間"が減ってきたと感じることはないだろうか。子どものように、素直に感じる心はどこへ？　そんな自分を取り戻せる場所が、小さなギャラリーPOP UP studioだ。営むのは、自身もアーティストの原明子さん。大切にしまっておいた宝物のような世界が、そこにあった。

子どもの頃から〝お絵かき〟が大好きだった原さん。「それしかできない子でした。ピアノもそろばんも続かない。だから両親も考えたんでしょうね。絵の先生が毎週教えにきてくれるようになって。大好きな絵がたくさん描けて、賞もいただいたりして、とても楽しかった」。反面、〝アッコちゃんにできることは誰でもできる〟と父にからかわれるくらい、奥手で自分に自信がなかった少女時代。そのまま美大に進学…と思いきや、なぜか保険会社に就職。けれども、やっぱりアートを学びたいという気持ちを抑えきれず、ついには給料を貯めて自力で美大の通信課程を卒業。今度こそアート系の仕事に…と考えていた矢先、結婚の話が持ち上がった。まだ24歳。「深く考えもせず、親の薦める人ならいいだろう」と嫁いですぐ、夫の転勤でアメリカへ。

ここからが原さんの人生の第二幕。両親の愛情に恵まれて実家で暮らしていた頃とは違い、誰も頼る人はなく、夫も出張が多くて留守がち。「言葉も不自由だし、どうしよう…と思いましたが、若くて怖いもの知らずだったのかな。自分でやるしかない、やってみようって気持ちを切り替えたんです」。手仕事好きを発揮してDIYしているうちに、近所の人たちが助けてくれて仲良くなった。住んでいたミシガン州のグランドラピッズという町は家具製造が盛んな地域。友人が増えて生活が落ち着くと、ヨーロッパから伝えられたデコラティブペイントに一目惚れした原さん、先生について本格的に技術を学ぶことに。そして5年間をかけて、デコラティブペイントやアメリカ、ヨーロッパの伝統的なアートをみっちり学び、1979年に帰国。折しも日本ではアメリカンカントリーのライフスタイルやインテリアが注目され始めた頃。原さんは日本人にはほとんどいなかったトールペインティングの作家として、一躍その名を知られるようになった。「東京の百貨店での展示やCM用の小道具の制作、本の執筆など毎日仕事に追われていました」。

その後、夫の転勤で再び渡米し

なんだって自分でやるの。その方が楽しいし、豊かでしょ。

ほとんどが人の手に渡ってしまっている原さんのお人形は、アンティークのレースや布で作られたすてきな洋服を着ている（写真上）。黄色い水玉模様の広々とした洗面台。壁の模様もDIY（写真左）。取材時に開催されていた陶芸家吉川千香子さんの作品でコーヒーを。素朴なおいしさのきなこ棒もお手製（写真左中）。

た原さんは、さらに新しい世界を求め、ミシガン州立大学で金属アートの講座を受講。「授業も面白かったけれど、いろんな人たちと出会ったのが一番の収穫でした。自由でクリエイティブな仲間の意見やアドバイスが、その後の人生にとても役立ったんです」。

古道具に魅せられてフリーマーケットやムービングセールに頻繁に通い、古い台所用品や農機具、パッチワークキルトなどの掘り出し物を集めたのもこの頃。「古き良きアメリカの記憶をとどめた古道具や雑貨は、他人にはガラクタにしか見えなくても、私には宝の山でした」。その中のひとつ、ブリキ製のロースターが原さんに大きなチャンスを運んできた。ホームパーティーでお客さまを招くにあたり、何かユニークな作品を飾ろうと考えた原さんは、ロースターの中に古布のドレスを着せた人形をはめ込んだ独特のオブジェを作った。それが大好評を呼び、あれよあれよという間に地元の教会美術館で個展を開くことになったのだ。準備までの3カ月で作った人形は60体以上に及ぶ。寝る間もないほど忙しかったが「子どもたちは周りの人が育ててくれて。幸せでしたねえ」と朗らかに笑う。

過去の作品の多くは人手に渡り、今、手元に残っているものはほとんどない。「仕事の注文が来てそれに応えるために必死で作る、そして喜んでもらえたら、また新しいものを考える。その繰り返し。だから昔も今も、煮詰まって悩む時間はないんです。時間をかけてたったひとつのものを作るのもアーティストならば、私のように時代や周囲の流れに合わせて、いろんなものを作りながら成長していくタイプがいてもいいんじゃないかな」。1990年代後半からは拠点を日本に移し、圧縮フェルトのベスト、パッチワーク、オリジナルTシャツなどの生活雑貨にも幅を広げて作品を作ってきた。「ひとつの手法に固執することはありません。時代とともにみんなが求めるもの、すてきだと思うものは変わっていく。自分の感性でそれにどう応えていくかが楽しいんです」。

そんな原さんの人生の第三幕はこのギャラリー『POP UP studio』の開設だ。2012年、亡き父が営んでいた鉄工所の一部をリノベーションして立ち上げた。これまでのお付き合いを通じて全国津々浦々から自然とアーティストが集まり、毎月1回、クオリティーの高い展示で好評を博している。

10年前に結婚を解消、子どもたちも無事に巣立って、今は母と弟の三人暮らし。ひまわりのような笑顔で穏やかに話す原さんに苦労の影は見えないけれど、これまでの人生に苦労や谷間がなかったわけではない。ただ、反省や後悔に時間を費やすのではなく、その時々、やるべきことを選んで真っすぐに進んできたから今の原さんがあるのだと思う。「チャンスは何度でもやって来る…ってことかな。だから一度の失敗や挫折で諦めずに、朗らかに前向きに進んでほしい。自分の心のまま、弾む心を忘れないで。このギャラリーの名前にもそんな意味を込めています」。

おいしいコーヒーをいただいて、原さんの笑顔に見送られてドアを開けた時、心なしか気持ちも足取りも、軽やかになっていた。

造形作家
日詰明男さん

ヒマワリの種と数式が、五角形のまちで手をつなぐ。

文／鈴木ソナタ　写真／多々良栄里

幾何学、音楽から都市計画まで。造形作家、日詰明男さんのフィールドは実に多彩。その、ジャンルを超えた作品たちを結ぶ一本の赤い糸は、「この世界を理解したい」というシンプルな衝動。日詰さんの「優しい革命」の立会人になるために、好奇心をかばんに詰めて、茶畑が広がる川根本町へ。

「ここでお茶会を開くんです、満月の夜に。火を焚いて、昼頃から鍋を仕込んで。〝満月の茶会〟って呼んでいるんですけどね」

青空に向かってそびえ立つロケットのような、植物の種子のような、あるいはジブリ映画に登場するキャラクターのような。その個性的な形の建造物は、静かな里山の風景に不思議としっくり溶け込んでいる。

ブラジル、サンパウロにある日本政府の広報施設「ジャパン・ハウス」での展示を終え、川根本町の自宅で一息つく日詰明男さんが、訪れた私たちを真っ先に案内してくれたのが、自宅脇の茶畑(日詰さんは茶原と呼んでいる)に建つ、直径4メートルのフィボナッチ・タワー。ヒマワリの種やマツボックリの並びなど、自然界の美に潜む普遍のルール、フィボナッチ数列によって組まれた百本の竹の梁(はり)からなるこの建築様式は、日詰さんの代表的な作品の一つだ。

○△□しかない建築なんて、絶望的としか思えなかった。

「ここに近所の人や友人知人が集まって、みんなで〝タタケタケ〟を演奏しました。このタワーは音響もいいんですよ」

ちなみに〝タタケタケ〟も日詰さんの作品。これもまたフィボナッチ数列や黄金比を作曲に応用したもので、周期的なリズムを組み合わせながら、一度も繰り返すことなく、一曲が終わるまでに50京年かかるというなんとも悠大な音楽だ。

1930年、長野県生まれの日詰さんが、川根本町の古民家に研究や作家活動のベースを構えたのは2009年、49歳の時。友人の友人から、樹齢200年以上という山茶花の木が見守るこの家を紹介され、迷うことなく当時住んでいた千葉県からの移住を決めた。

「家にいる時は、たいていこの部屋で過ごしています」という、本に囲まれた和室の居間。やかんを乗せたロケット薪ストーブが蜜柑色の火をともし、豆炭こたつが足元を柔らかく温めてくれる。

「料理も暖房もお風呂も、薪だけで暮らしています。緊急の時だけガスも使いますが、電気は必要最小限に。水もできれば山から引きたいんですけど、まぁ、それはいずれ……という感じですね」

日詰さんの活動の原点は、京都工芸繊維大学建築科の卒業論文をまとめた初めての著作、『生命と建築』。その表紙を飾ったのが、直線が5重に絡み合った5回対称(正五角形)の幾何学図案だ。五勾(ごまがり)と名付けた、

「ある時、ふと思い立ってテント紙とカッターで短冊を作り、この図案通りに

手を動かしてみたら、実際に5重の繊維が編めてしまったんです。で、次はラタンを材料に編んでみたら、籠ができて。世界のどこにも存在していない編み目の籠が、自分の手の中で形になった。それはもう、大きな驚きと感動でした」

学生時代の日詰さんは、ガウディに憧れて建築科に進学したものの、既存の建築にどうしても魅力を見い出せず、閉塞感を抱いていた。そんな彼を唯一魅了したのは、イタリアの洞窟住居やエーゲ海沿岸の集落など、世界遺産として今も残る「建築家なしの建築」の数々。集落全体が生き物のような、人知を超えたその圧倒的な迫力を、何とか形にしたいと試行錯誤する中で出合ったのが、植物の黄金比や幾何学によって導かれる直感や発想だった。

籠に形を変えた五勾の図案は、幾何学から造形した日詰さんの作品の第1号となり、「無限に編み続けることが可能な平面材」として特許出願した。

幾何学という自由で無敵のパスワードを手にした日詰さんは、ジャンルを超えて、次々と新しい世界の扉を開いていく。

「僕はアートと科学、アーティストと研究者を区別していません。この世界を理解したいという衝動と、この世界に新しい何かを付け加えたいという志さえあれば、科学者も芸術家も同じだと思っています」

建築とアートの境界線を自在に行き来する日詰さんにとって、「都市」もまた作品だ。効率だけを追い求めた、碁盤の目のような「四角い」都市計画ではなく、無限に広がるペンローズ・タイルのように、生き生きとした生命力を放つ、五角形を基にした迷路のような都市を実現したい。建築科の学生だった頃から抱いていた夢は、少しずつ形を変えて今も続いている。

「武蔵野美大や大阪成蹊大、一昨年の東静岡駅前などで行った、五角形の迷路と5本足のティピを使った実験都市、ニューロ・アーキテクチャーの恒久的なものを、ここ（川根本町）でつくろうと考えています。まずは茶畑を造成し、迷路状の畑づくりから始めます。この五角形にはハーブを植えて、その隣の五角形には野菜や陸稲を植えようとか、もう自由に。機械化はできないけれど、畑作業は楽しくなると思いますよ。植物を相手にした、迷路都市の実現です。自分では未来に向けた大きな変革の第一歩だと思っているんですよ。誰も驚いてくれないですけど（笑）。でもね、いいんです。自分のやっていることが〝普遍に触れている〟という自信がありますから」

いつか世界を優しく揺り動かすかもしれない革命は、いつだってこんな風に、誰も気付かないくらい穏やかに始まるのかもしれない。

「おなか、すきません？　鍋、ありますよ」

日詰さんの背後で、パチパチと音をたてるストーブの上では、葉っぱや切り口に「普遍の数式」を組み込んだ野菜たちが、おいしそうな湯気を立てていた。

日詰さんが初めて作った「五勾(ごまがり)」の星籠。幾何学模様がミステリアスで美しいのは、そこに、この世界の大いなる秘密が隠されているからなのだろうか。

Tabitabi culture

|vol.3|

タビタビ世代に贈る等身大のカルチャーガイド。
観て・読んで・聴いて。心の旅に出掛けよう。

| CONTENTS |

CINEMA
MUSIC
BOOKS etc...

illustration Yuta Tsukada

CINEMA | 黄昏シネマガイド

『夏至』
(2000年 フランス・ベトナム)

ベトナムを舞台に3姉妹それぞれの男女関係に焦点を当てた作品。ストーリーのキーワードだけ書くと愛人・隠し子・妊娠・浮気・近親相姦と何やらヘビーだが、そういうドロドロした感じは微塵もない。というのもこの映画を見ると、ただただカメラが捉えるベトナムの「緑」に心を奪われてしまうから。街を囲む木々や部屋に飾られた植物の葉は光を浴びて時に深い緑で、時に淡い緑で優しく人々を包む。この緑のグラディエーションの最大の功労者は撮影監督のリー・ピンビン。光を上手に操ってフィルムに自然の瑞々しさを定着させる名人だと思う。その素晴らしい映像美はホウ・シャオシェン監督やウォン・カーウァイ監督作品でも堪能できる。カフェでフォーを食べているシーンを観ているだけで絶対にベトナムに行きたくなるはず。

『アダプテーション』
(2002年 アメリカ)

『蘭に魅せられた男』というノンフィクションを映画化する脚本家の苦悩を描いた作品。

主人公の脚本家チャーリー・カウフマンは自分の容姿や才能に不安になり嘆いてばかり、対照的に双子のドナルドは同じ容姿だけど能天気で明るく楽しいキャラ。この2人の脚本を巡る物語と平行して原作者と蘭コレクターの話が交互に語られ、最後にひとつに繋がっていく。

役者陣が豪華なのも見どころ。原作者をメリル・ストリープ、蘭コレクターをクリス・クーパー、そしてチャーリー・カウフマンとその双子の弟のドナルド・カウフマンをニコラス・ケイジが熱演。特に、オスカー女優メリル・ストリープのインテリ作家が壊れた時の変貌ぶりの演技は圧巻だ。

『フラワーショウ！』
(2014年 アイルランド)

世界的に有名な「チェルシー・フラワーショウ」で弱冠28歳にして金賞を受賞したメアリー・レイノルズの実話に基づく物語。いわゆるイングリッシュ・ガーデンではなく、野草やサンザシの木を使った斬新なデザインは、その後のガーデニング界にも影響を与えたとのこと。

映画としてはフラワーショウがメインなのではなく、メアリーがデザイナーとしてキャリアを積んでフラワーショウに辿り着くまでの道のりが丁寧に描かれている。例えば、『プラダを着た悪魔』のように仕事で悪戦苦闘する等身大の女性の物語としても楽しめる。でも一番の見どころは、メアリーの生まれ育ったアイルランドの自然やメアリーの思想に大きな影響を与えるアフリカの自然を見事に捉えた映像美。「チェルシー・フラワーショウ」に行くよりもアイルランドを旅したくなった。

梶山 康之さん yasuyuki kajiyama
㈱ミツハシ勤務（静岡市・藤枝市でTSUTAYA6店舗運営）
会社オフィスが、清水区から駿河区のTSUTAYA静岡西脇店内に移動しました。静岡西脇店は昨年11月にリニューアルオープンしてレンタルだけでなく、駿河区では最大規模のBOOK売場を併設しております。ぜひお立ち寄りください。

MUSIC | 土橋一夫の 夢街道音楽散歩

『リヴ・フォー・ラヴ』

ジャッキー・トレント＆トニー・ハッチ
BMG JAPAN
BVCM-37703

ペトゥラ・クラークの大ヒット曲『Down Town』の作者としても知られるイギリスを代表する作曲家／コンポーザーのトニー・ハッチとその妻であるジャッキー・トレントが、1968年に英パイ・レーベルから発表した人気の1枚。オリジナル・ナンバーも素晴らしいが、最近もアナログ盤シングル・ボックスがリリースされて話題となったロジャー・ニコルスの作品『Just Beyond Your Smile』と『Love So Fine』をカバー、またサイモン＆ガーファンクルやハーパース・ビザールでも知られるポール・サイモン作『The 59th Street Bridge Song (Feelin' Groovy)』やエヴァリー・ブラザースでおなじみの『Let It Be Me』なども収録されているため、特に日本ではソフト・ロック・ファンの間で再評価され激レア盤となったが、2006年に日本で世界初CD化。ストリングスやブラスを贅沢に起用し、表情豊かに展開されるサウンドは実に見事だ。

『SONGS FOR GENTLE PEOPLE』

Steve Allen And The Gentle Players
Featuring Gabor Szabo and Hal Blaine
DUNHILL
D-50021（アナログ／米・輸入盤）

俳優として1956年に公開された映画『ベニイ・グッドマン物語』にベニイ・グッドマン役で主演、またNBC系の人気テレビ番組『ザ・トゥナイト・ショー』『スティーヴ・アレン・ショー』のホストとしても人気を博したピアニスト／作曲家／シンガーのスティーヴ・アレンが、1967年にアメリカのダンヒル・レーベルから発表したラウンジ・アルバム。それまでDotなどのレーベルから良質なジャズや、日本でも人気の高い『Cool, Quiet Bossa Nova』などのアルバムをリリースしていたことでも知られる彼が、本作では西海岸を代表するセッション・ドラマーのハル・ブレインとギタリストのガボール・ザボを迎え、当時の空気を反映させたグルーヴィーでおしゃれなサウンドを実現。中でもM-11『Flower Revolution』はDJ人気も高い1曲として知られる。華やかなジャケットも魅力的な本作だが、残念ながら未CD化だ。

『サンフラワー』

ザ・ビーチ・ボーイズ
ユニバーサル ミュージック
UICY-25600

1960年代前半から中盤に夏や海、車といった若者に人気のテーマを掲げ、その後そこから脱却して1966年に名盤『ペット・サウンズ』を発表したザ・ビーチ・ボーイズ。今でこそブライアン・ウィルソンの類まれな才能が再評価されているが、実際のところ、1960年代後半からの彼らはセールス的にはどん底の時代を味わうこととなった。しかし、その時期の作品が決して劣っていたわけではない。むしろ、アルバム『スマイル』の発売中止で挫折してしまったブライアン・ウィルソンに代わって他のメンバー…特にブルース・ジョンストンやカール・ウィルソン、デニス・ウィルソンらが才能を発揮し、バンドとして優れた作品を制作していたのが1960年代後半以降の彼らだった。中でも優れているのが、彼ら自身のレーベル、ブラザーからの第1弾として1970年にリリースされた本作。デニス作の『Forever』やブルース作の『Deirdre』の美しさは時を超えて感動を運ぶ。

土橋 一夫さん kazuo dobashi

音楽ディレクター／写真家／アート・ディレクター／構成作家／FLY HIGH RECORDS主宰。大瀧詠一の音楽との出合いを発端として音楽を志し、レコード会社を経て制作ディレクター、番組、写真、デザインなどを中心に活動し、K-mix『ようこそ夢街名曲堂へ！』に出演中（構成・選曲も）。近著は『夢街POP DAYS 音楽とショップのカタチ』。また、日本経済新聞東京版にて毎月『土橋一夫のMagical Pop Selection』を連載中。

Tabitabiスタッフ U の ひとりごと ＜2言目＞

PRIMAL SCREAMのデビュー作といえば'87の『SONIC FLOWER GROOVE』。ネオアコ少女(当時ですよ、当時)だった私は、サイケデリックでフォーキーな12弦ギターの音に酔いしれたものです。知っている人は少ないかもだけど、エバーグリーンな名盤です。当時はイギリスに住んでいたので、ライブ後のボビーとどっかですれ違ったらどうしよう、ってドキドキしていました。当時からファッショニスタでかっこよかったボビー・ギレスピー。フラワーなシャツもお似合いだったな。

BOOKS | 水曜文庫の本棚

『鉄腕アトム 植物人間の巻』
手塚治虫

植物を本によって初めて認識したのは、暗い不穏な色彩の『もりのなか』（福音館書店）などの絵本によってだったかもしれない。しかし、自力の読書ではっきりと衝撃が残ったのは、曾おばあさんの家で読んだ『鉄腕アトム』の中の『植物人間の巻』ではなかったかと思います。

冬スキーに興じるアトムたち。コントロールを失って木に激突したとき、足元の雪がめくれ、そこに黒い蔓植物が植わっているのを見つけます。これは宇宙から飛来したアルソア人（アルソア星は水不足によって滅亡してしまった）の少女が変態している植物でした。手塚治虫が描いたその植物（少女）のたおやかな曲線に、当時まだ未分化な性しか持ちえない少年のワタシでしたが、その股間、いやもとい、心臓を射抜かれたごとき強い刻印を残した作品でした。この甘やかな体験は、後にアールヌーボーやシュールレアリズムの繊細な絵画や造形を見たときに、再びつんつんとワタシの心をノックしましたし、そのような初原的エロチシズムさえ包含する手塚治虫はやはり恐るべし、と強く再認識しました。

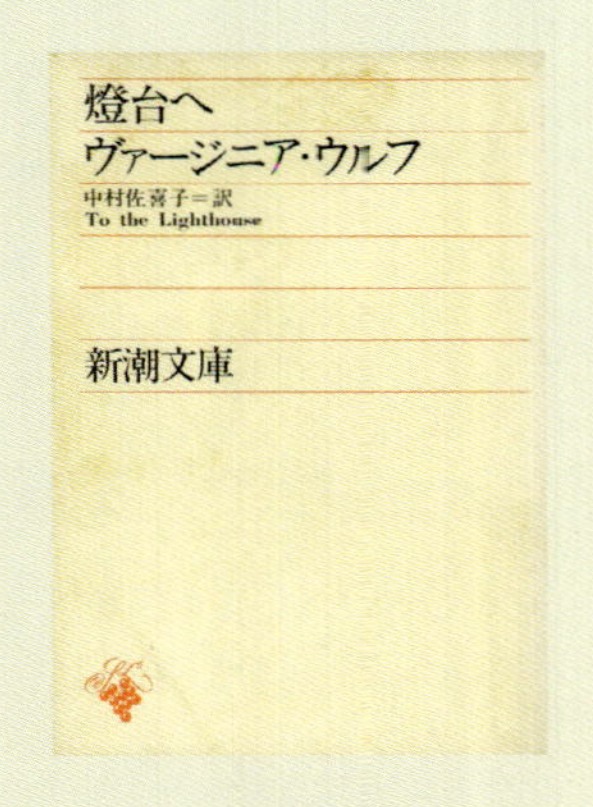

『燈台へ』
ヴァージニア・ウルフ

保坂和志の小説論の中で記憶に残っているのは、小説家は世界を描く力を持たなくてはいけないということ。私・人間・動植物・モノ・分子たちを平均して描くことで現れる小説の強度が大切なのだという言葉です。例えば、ヴァージニア・ウルフの小説には庭園の植物や木の細密な過剰とも思われる描写が延々と現れます。そのような描写は物語が内（私）に向かって収斂していくのではなく、外に開かれていくためにどうしても必要なタームです。また、外（社会）へ向かって開かれているばかりではなく、地球というものを人間と同じように一つの生物と考えてみれば、植物は体内の血管のようなものといえるかもしれず、となれば、「私」と「世界」という内・外の区分けさえ要らなくなるのではないか。内も外も入れ子構造であり、「意識の流れ」といわれるウルフの小説のその意識（私の内面）に植物は深く関わっているのかもしれない。そのような自然を描く文学、ウルフや南米のマジック・リアリズムや石牟礼道子の小説というのは、だから人生は途方もなくちっぽけなものである、ということと同時に、一つに捉えきることなどできない途方もなく広いものなのだということを教えてくれます。

『桜の森の満開の下』
坂口安吾

題名に植物がいるものはないかと本棚を探して、今さらながら安吾のこの小説を読みました。掛け値なしにかっこいい作品でした。桜の木の下の虚空は個々の人生の悲喜こもごも、何か評価の定まった人間世界の価値や倫理などにまったくおかまいなし、年に一度花を散らして全てをご破算にしてしまう。舞い降りた花弁が人間を包み込み、顔＝存在さえ消し去ってしまう。寓話の体裁で読みやすい小説です。戦後2年目に書かれたこの小説を読んで思うのですが、安吾は戦争で生き残り散々な目に遭った生活者たちに向けて、誰にでも分かるようなものをとてつもない作品を得て、また考え抜いて書いたのではないか。

なぜ桜は人間を消し去ってしまうのか、「なぜ」ということについてはまったく置き去りのまま、「分からない」小説でありながら、読者それぞれ受け取るものもさまざまで、しかし、心にどこか引っかき傷を残すような、開かれた小説に思えました。

水曜文庫
市原 健太さん
kenta ichihara

静岡市内で古書店を営む。暮らしに寄り添うような本を集めている古本屋です。

SHIZUSHIN selection

A5判・128P
定価：1,300円＋税

ぐるぐる文庫 Special
『しずおか老舗味物語』

古くは創業400年のとろろ屋から、乃木大将ゆかりの蕎麦屋、文豪が愛した純喫茶まで、静岡県内の老舗79店を紹介する。創業時のエピソードや看板メニューの秘話、長くのれんを守り続けてきた理由を解き明かしていく。県内の豊かな食材を生かす熟練の技も見どころ。意外な歴史を知って、味わいも深まるはず。

A5判変型・112P
定価：1,350円＋税

スタイルのある人に学ぶ
『自分磨きの体験BOOK』

静岡県内で気軽に参加できる教室やおしゃれなワークショップなどをまとめた体験本。手ぶらで楽しめるグランピングやヨガをはじめ、料理教室やアクセサリーづくりなど、センスのいい講師から学ぶレッスン58軒を掲載している。自分磨きのためのレッスンを始めたい人にぴったりな1冊。

郷里をめぐる大人旅へ

戸田書店 掛川西郷店
店長 高木久直さん

「ふるさとは遠きにありて思ふもの　そして悲しくうたふもの」

あまりに有名なこのフレーズが、いつしか身に染みる歳となった。

私のふるさとは西伊豆の松崎にある。離れて久しいのだが、こんなにも風光明媚な場所がここ静岡県にあることを誇りに思う。伊豆の各地は、そんな場所で溢れている。子どもの時分の思い出や情景が、五十路が迫ったわが身に走馬灯のようによみがえってくる。いつもどこかで「ふるさとへ帰りたい」と願っている、そんな気がする。

なぜ、「遠きにありて思ふもの」としたのか、今ならよく分かる。人には誰しも生まれ育った町があり、ふるさとがある。いろいろな意味で人生は旅である。自身を振り返りながらふるさとを旅するのも大人旅の極みではないだろうか。

旅に持っていくなら、室生犀星の『抒情小曲集』を勧めたい。きっと誰もが一度は見聞した記憶があるのではないだろうか？　大人の旅なら、一歩踏み込んだ楽しさも味わってほしい。その土地の深層を垣間見てみる、地に暮らす皆さんと話しながら交流するというのはまさに一興である。

私が郷里を語るたび、誰もが「いいところでうらやましい」と言う。…ただ、風光の影には少子高齢化と過疎という深刻な悩みがある。私が暮らしていたころの松崎は人口が1万人を超え、各地区には小学校があった。放課後ともなれば子どもの声がこだまし、駄菓子屋や本屋は子どもたちで溢れていた。那賀川で釣りをし、松崎海岸で泳ぎ、親父と牛原山によく登った。そんな想い出が季節ごとの匂い、花と緑の美しさとともによみがえる。

なまこ壁造りの史跡群や桜葉漬けなどが有名であることを知ったのは、ふるさとを遠く離れてからのことである。皮肉だと思う。思うのだが、当たり前のようにそこにある時には分からない、そして郷里への愛情は、ふるさとを遠きにありて思い育まれたのかもしれない。ぜひ一度訪れてほしい町である。先日、ようやく仕事から解放されて松崎に帰ることができた。久しぶりに登った牛原山の頂から、わがふるさとを望む。記憶の中のセピアと、目前のカラーが入り乱れて、ふと涙がこぼれた。

\ おすすめの一冊 /

『室生犀星詩集』
新潮文庫
福永武彦／編
定価：本体 490 円＋税

生後間もなく生母から離れ、養父母のもとで育った室生犀星。高等小学校を中退して職に就き、20 歳で上京。生活に苦しみながら数々の詩を生み出した。小説や随筆、童話、俳句など作品は多岐にわたる。犀星文学には幼少時に過ごしたふるさとの思いや弱きものへの思いが込められている。生涯に公刊された 24 冊の詩集から代表作 187 編を収録。

〈静岡県人をみた〉
二人目

絵・文　塚田雄太

安らぎのある喫茶店

文／永野香里　写真／藤本陽子

青葉公園に面するビルの２階。朝には朝の、夕には夕の光が大きな窓から差し込む、そのロケーションが気に入って、平須賀康之さんは17年前に「珈琲館シーズン」を始めた。厨房をぐるりと囲むコの字型のカウンターのみの店に、常連客が足しげく通う。顔なじみがドアを開けると、平須賀さんは注文を待たずに好みのコーヒー豆を用意し、手動ミルで挽き始める。コーヒーに合う、シンプルな焼き菓子を注文する人も多い。

手動ミルを使うのは「愛情ですよ」と平須賀さんは言う。新鮮な豆を、１杯につき通常の1.8倍の量を手動ミルで挽き、渋皮を飛ばす。有東木まで足を運び汲んでくる水で、最もおいしさを感じるところだけを抽出しカップに注ぐ。毎朝２杯ずつ飲む常連さんにも「変わらない味」を提供するために、一杯一杯をどうやって同じ味にするか、ということに、日々ひたすら心を向ける。

朝の出勤前、あるいは昼の休憩時間に、一人で静かに音楽に耳を傾けたり、ときには偶然隣り合った人とおしゃべりに花が咲いたり。「喫茶店だけれど、単にコーヒーを飲むだけでなく、いろいろな人にとっての安らぎの空間になってほしい。青葉公園という雑踏の中にあるからこそ、いつでもここへ来てホッとできる。そういう場所であることを、大切にしたいんです」

「ここがさまざまな形で文化を発信する基地になれば」の言葉通り、人が集い語らう会も長年続けている。例えば、定期的に開催する蓄音機のコンサートは、喫茶店を始める前に楽器に関わる仕事をしていた平須賀さんの音楽への思いが一つの形として表れたものだ。片隅に置かれた蓄音機にレコードを置き、針を落とすと、あふれる旋律に体が包まれる。音楽は感じるもの、とは著名な指揮者の言葉だが、一杯のコーヒーとともに、その至福を味わえるひと時が、確かにここにあるのだ。

静岡市葵区両替町2丁目1-16
054-255-5532

日々の喫茶

vol. 2
珈琲館 シーズン

Tabitabi Column

香りの記憶
3

再会を待ち続けていた 芳醇なバラの香り

花といえば、桜。日本人である私にとって、満開の桜の木々が連なる風景ほど、心を揺さぶられるものはありません。

ところが、南フランスに住む人たちにとっては、花といえばジャスミンなのだそうです。これは、かつて通っていた香水学校の仲間が教えてくれたことで、グラースという街に住む彼女の家では、窓を開けると、ジャスミンの香りが入り込んでくるのだとか。

窓の向こうに広がるジャスミン畑では、夜明け前から花摘み作業が始められ、畑近くにある工場で、香りの抽出作業が行われるのだそう。南フランスで育つジャスミンの香りは、質の高さで名高く、可憐な白い花から採り出されたジャスミン・アブソリュートは、高級香水の原材料として使われています。

思い起こせば、私が幼い頃、両親と住んだ懐かしいあの家の窓からは、5月になると緑茶の香りが入り込んできたものでした。茶摘みの時期になると、近所のお茶工場は夜中まで稼働していて、煙突から緑の香りが途絶えることなく流れ出ていました。

母は夜ごとに窓を開けて、私たち子ども3人にこう言ったものでした。

「ほら、緑の香りよ」

そして、私たちは、お茶の香りに埋め尽くされて緑色になった夜の空気を、胸いっぱいに吸い込んだものです。

今、私の家はパリにあり、その窓際には1本のバラの鉢植えが置かれています。「シャルル・ド・ゴール」という、薄い紫色をしたバラです。

実はこのバラ、かれこれもう10年以上前のこと、散歩途中の花屋で見つけて、衝動買いしてしまった懐かしのバラなのです。あまりにゴージャスな香りに驚いて、抱えるほどの大きな花束をすぐさま手に入れました。そして、上機嫌で予定通りに郵便局で用事を済ませていると、近くにいたパリジェンヌから、「なんていい香り！」と褒められ、うれしくも誇らしい気持ちになったことを覚えています。

それ以来、ずっとこのバラとの再会を待ち続けていました。ふくよかでなんとも華やかな香りを持つ、その香りとの再会を。そしてついに、願いがかなったのが、近所のバラ専門店の店先だったのです。

色とりどりのかわいらしいブーケで彩られた入口の脇に、たった一つ、シャルル・ド・ゴールの鉢植えが置かれていました。私はひと呼吸おいてから、胸いっぱいに芳醇な香りを堪能すると、あの日のように上機嫌でその鉢植えを抱え、赤や黄色やピンクのバラの花びらが散りばめられた入口を潜り抜けたのでした。

97年、香水を学ぶため渡仏、留学。その後パリでオリジナルブランドを立ち上げる。1998年より、故郷の静岡で香りのレッスンを開講し、日本では、香りの魅力を伝えるべく活動中。
香水はオンラインで販売。www.miyashinma.fr

illustration
Hatsumi Tonegawa

Tabi tabi information

暮らし・遊び・学びの
気になる情報ピックアップ！

ワインの醸造から販売までを行う「中伊豆ワイナリーシャトー T.S」。工場見学は無料で、試飲コーナーや売店、レストランの他、牧場も併設。レッスンや体験乗馬、自然あふれるブドウ畑のトレイルまでさまざまな楽しみ方ができる。子ども向けには引馬体験がおすすめ。

住所：伊豆市下白岩 1433-27　☎0558-83-5111

「初島アイランドリゾート」内にある「アジアンガーデン R-Asia」では珍しい何百種類もの亜熱帯の植物を見ることができる。ハンモックに寝転び揺られ、アジアンフードのカフェで島の食を楽しむなど、日帰りでも南国気分を満喫できる。熱海、伊東から高速船で約 25 分。

住所：熱海市初島　☎0557-67-2151

浜名湖畔の「華咲の湯」は天然温泉の他、食事・リラクゼーションが充実した県下最大級の日帰り温泉施設。趣の異なる 3 つの大浴場の 26 カ所の風呂で温泉三昧できる。ホテルメイドのバイキングで食事を楽しみ、薬石温技やボディケアなどで癒やされる、ゆったりとした 1 日を過ごしてはいかが。

住所：浜松市西区舘山寺町 1891　☎053-487-0001

伊東市の「伊豆ぐらんぱる公園」立体験型イルミネーション「グランイルミ～ 3rd シーズン～」が 8 月 31 日まで開催している。巨大なケーキオブジェを配置したエリアをはじめ、タンポポの花畑や海底の世界を表現したコーナーが目を引く。「ランタン花畑」は花好きには必見！ 平日休みの場合あり。

住所：伊東市富戸 1090　☎0557-51-1122

（左）富士山頂と太陽が重なり光り輝く絶景「ダイヤモンド富士」は、とっておきの観光資源
（右）浜名湖の真ん中にまれにできる浅瀬に立って、写真を収められる

JR グループ 6 社と地元が協力して行う国内最大級の観光キャンペーン「デスティネーションキャンペーン」が静岡県で開催される。2019 年 4 ～ 6 月の本番と、その前年のプレと後年のアフターを加えた 3 カ年がキャンペーン期間。静岡県では 19 年ぶり 3 回目の開催だ。「アッパレ　しずおか元気旅」をキャッチフレーズに、国内外に誇る「アッパレ」なものに触れる旅を提案し、静岡県への誘客と地域活性化を図る。東西に長い静岡県の各地域がそれぞれ魅力的な観光資源をピックアップ、期間限定のイベントも用意されている。この静岡デスティネーションキャンペーンを機会に各地おすすめの旅にぜひ出掛けてみよう。

詳しくは
https://hellonavi.jp/dc/index.html

HAPPY BOTANICAL ITEM … 71

Flower & Leaf log ／☎ 054-269-6713 ／静岡市駿河区丸子二丁目 2-1 ／ 10：00 〜 18：00 ／火曜日／ JR 安倍川駅

Kuru・Kuru ／☎ 0547-36-8827 ／島田市道悦五丁目 26-37 ／ 13：30 〜 17：30 ／火・水曜日、年末年始／ JR 六合駅

QUATRE SAISONS ca ／☎ 054-207-8151 ／静岡市葵区岳美 20-30 ／ 11：00 〜 18：00 ／水曜日

O'KEEFFE FURNITURE ／☎ 054-639-6154 ／藤枝市岡部町内谷 154 ／ 13：00 〜 17：00 ／不定休

NOHARA BOOKS ／☎ 055-989-8787 ／駿東郡長泉町東野クレマチスの丘 347-1 ／ 10：00 〜 18：00（2・3・9・10 月は〜 17:00、11 〜 1 月は〜 15:30）／水曜日（祝日営業・翌日休）

河津バガテル公園 ／☎ 0558-34-2200 ／賀茂郡河津町峰 1073 ／ 9:30 〜 16:30（12/1 〜 4/27 は〜 16：00）／木曜日（4/28 〜 6/30、10/1 〜 11/30、1/1 〜 1/3、河津桜まつり期間は無休）

HARUICHI STYLE ／☎ 053-411-5678 ／浜松市東区上新屋町 129-1 ／ 11：00 〜 19：00 ／火曜日

BUNGUBOX ／☎ 053-415-8639 ／浜松市中区肴町 318-25 ／ 11：00 〜 19:00（日曜日、祝日は〜 18：00）／水曜日／ JR 浜松駅

cabsoap ／ instagram@cabsoap

あぼかぼ ／☎ 050-6867-7250 ／牧之原市東萩間 2796 ※来店時は事前にお電話を

itself ／ HP：http://www.itself.jp/

Miya Shinma ／ HP：http://www.miyashinma.fr/

HUIS ／☎ 053-440-5139 ／浜松市西区入野町 180-1 ／ 11：00 〜 17：00 ／木・金曜日／ JR 高塚駅

nico glass and yarn ／ instagram@nico_g_and_y

Timeless Gallery & Store ／☎ 054-266-9981 ／静岡市駿河区用宗 1-27-5 ／ 11：00 〜 20：00 ／水曜日／ JR 用宗駅

三保原屋 LOFT ／☎ 054-251-1771 ／静岡市葵区両替町 2-4-1 ／ 11：00 〜 19：30 ／不定休、元旦／ JR 静岡駅

紙屋ますたけ ／☎ 054-254-4541 ／静岡市葵区呉服町 1-3-6 ／ 10：00 〜 17：30 ／日・月曜日（変更あり）／ JR 静岡駅

unspoken emotions ／☎ 054-254-7040 ／静岡市葵区追手町 1-19 天松ビル 1F ／ 11：00 〜 19：00 ／木曜日、第 2 水曜日／ JR 静岡駅

高橋養蜂 ／☎ 0558-28-0225 ／ HP：http://takahashihoney.net/

You Me & Cookies Bikini ／☎ 054-251-3008 ／静岡市葵区馬場町 108-1 ハイツ浅間通り 1F ／ 10：00 〜 19：00 ／日曜日、祝日、夏季、冬季／ JR 静岡駅

L'angela ／☎ 0545-60-7708 ／富士市平垣町 6-1 ／ 10：00 〜 18：00 ／日・月曜日／ JR 富士駅

桔梗屋本店 ／☎ 054-252-2809 ／静岡市葵区土太夫町 19 ／ 9：00 〜 18：30 ／日曜日、月 2 回月曜日／ JR 静岡駅

konohana ／☎ 054-296-2355 ／静岡市葵区足久保口組 151-77 ／ 10：30 〜 18：00 ／月〜水曜日

緑茶のある暮らし … 88

サスナカ牧野商会 ／☎ 054-251-2406 ／静岡市葵区安西 3-8 ／ JR 静岡駅

マルカ ／☎ 054-252-2529 ／静岡市葵区桜町 1-2-36 ／ JR 静岡駅

仁志乃 ／☎ 054-252-9389 ／静岡市葵区車町 6 ／ 9:00 〜 18:30 ／日曜日（祝日営業）／ JR 静岡駅

白形傳四郎商店 ／☎ 0120-17-1046 ／静岡市葵区神明町 96-1 ／ 9：00 〜 17：45 ／ JR 静岡駅

小島茶店 ／☎ 0120-02-1955 ／静岡市葵区錦町 19 ／ 8：00 〜 17：00 ／土・日曜日、年末年始／ JR 静岡駅

そふと研究室 ／☎ 054-272-0525 ／静岡市葵区宮ヶ崎町 3 ／ JR 静岡駅

森内茶農園 ／☎ 054-296-0120 ／静岡市葵区内牧 705

豊好園 ／☎ 054-396-3336 ／静岡市清水区布沢 270

Conche ／☎ 054-374-8551 ／静岡市駿河区高松 1-26-15 今井ビル 1F 西号／平日 13：00 〜 17：00、土・日・祝日 11：00 〜 18：00 ／月・火曜日

竹翁堂 ／☎ 054-367-0345 ／静岡市清水区入江 2-1-8 ／ 9：00 〜 18：30 ／水曜日／ JR 清水駅

次郎長屋 ／☎ 054-367-0557 ／静岡市清水区真砂町 4-9 ／ 10：00 〜 18：00 ／水曜日／ JR 清水駅

GREEN ∞ CAFE（グリーンエイトカフェ） ／☎ 054-395-2203 ／静岡市清水区和田島 349-4 ／ 10：00 〜 16：00 ／不定休

NAKAMURA TEA LIFE STORE ／東京都台東区蔵前 4-20-4 ／ 12：00 〜 19：00 ／月曜日

日々の喫茶 … 122

珈琲館シーズン ／☎ 054-255-5532 ／静岡市葵区両替町 2-1-16 ルコアンビル 2F ／ 10：30 〜 19：00 ／水曜日／ JR 静岡駅

index

店名・施設名／電話番号／住所／営業時間／定休日／最寄駅（徒歩圏内の場合に限る）

タビタビ03
2018年3月16日初版発行
ISBN978-4-7838-1999-8　C0026
定価：本体1,300円+税

発行者　大石剛
発行　静岡新聞社
〒422-8033　静岡市駿河区登呂3-1-1
TEL054-284-1666　FAX054-284-8924

Art Director
野村道子（bee's knees-design）
Editors
静岡新聞社編集局出版部
Designers
利根川初美（823design）
塚田雄太（静岡新聞社）
Writers
佐野真弓
佐野白佳
鈴木ソナタ
大楽眞衣子
高橋秀樹
永野香里
増渕礼子
山口雅子
Photographers
小澤義人
武智一雄
多々良栄里
藤本陽子
宮内誠理
望月やすこ
Tabi tabi character design
依田ゆき子

印刷・製本　三松堂株式会社

編集後記

今回のテーマ「花と緑のボタニカルツアー」では、たくさんの植物園や公園を訪ねましたが、昨年の夏から初秋はお天気のはっきりしない日が多く、取材の日は残念ながら雨やどんよりした曇り空の日も多かったです。撮影はできることなら気持ちの良い明るい空に～！と天に祈る日々が続きました。でも、そんな中であらためて気付いたのは雨に濡れた草木が本当に美しいこと。小さな雫をいっぱいにぶら下げて、グレーの空に白や黄色、ピンクや紫の花々が輝いていました。そんなわけで、今回のタビタビでは雨の日も含めてさまざまな表情の植物たちをご紹介しています。ページごとに異なる花と緑をどうぞ楽しんでくださいね。

次号予告

『しずおか温泉三昧』

老舗旅館から美食・美肌の宿、
自然の中の秘湯まで。
最初から最後まで温泉たっぷりでお届けします。